반짝반짝 빛나는
국간사 생도들의 청춘일기

반짝반짝 빛나는

국간사 생도들의 청춘일기

김하린, 손수정, 오찬실, 정선주
최지영, 김지예, 예지현 함께지음

다산글방

추천의 글 #1

꿈과 목표를 향해 도전해나가는
젊은 청춘들의 바로미터가 되기를

북두칠성(Book-do 칠성) 7명의 64기 생도들의 도서 출간을 진심으로 축하드립니다

발전기금 예산 사업 중에 '4학년 생도들의 책 쓰기 사업 계획서'를 보고 처음에는 의아해했습니다.

새벽 6시 기상, 구보, 전공과목과 군사학 수업, 군사훈련 등 생도생활의 하루 일과가 눈앞에 그려졌습니다. 그 바쁜 생도 생활 중에 글을 쓰고, 도서를 출간한다는 게 얼마나 힘든 일인지 누구보다 잘 아는 저로서는, 과연 가능할까 하는 의구심도 들었습니다. 50년 전 국군간호사관학교에 들어가겠다고 결심하고, 시험을 보고, 합격해서 생도생활을 시작했던 일들이 주마등처럼 뇌리에 스쳐갔습니다.

지난 저의 생도 시절의 생활로는 도저히 상상도 할 수 없는 일인 것 같은데, 우리 후배님들이 글을 다 작성하고 책을 낸다니 참으로 존경스럽고 대단한 일입니다.

평범한 20대 젊은이의 삶을 마다하고, 국가에 충성하고, 국민의 생명을 수호하는 간호장교의 길을 선택한 생도들의 순수한 열정과 4년

간의 생도생활, 그 길고 녹록치 않은 여정을 글로 기록한 과정 자체가 선배의 한사람으로서 정말 대견합니다. 7명의 생도들이 쓴 글에서처럼 여러 가지 힘든 상황에서도 굴하지 않고 스스로 성장해가는 모습을 보면서 생도들의 열정과 굳은 의지를 볼 수 있어서 안도의 마음과 감탄을 금할 수가 없습니다.

이 책이 간호사관생도를 꿈꾸는 수험생뿐만 아니라 미래의 꿈과 목표를 향해 도전해나가는 많은 젊은이들의 관심을 불러일으키고 그들에게 용기를 주는 젊은 청춘들의 바로미터가 되기를 바래봅니다. 또한 이사장으로서, 발전기금에서 생도들의 글쓰기와 책 출판의 과정에 작은 도움을 주게 된 것을 무척 기쁘고 보람스럽게 생각합니다.

4년의 생도생활을 추억자산으로 만드는 행복한 책쓰기 프로젝트를 기획하고 이끌어주신 이영희 학술정보관장님, 미라클팩포리 대표이신 기성준 작가님, 양은숙, 한명욱 동문작가님, 그리고 관련 실무자 모든 분께 다시 한번 감사인사를 드립니다.

사랑합니다.

재)국간사발전기금 이사장 민병숙

추천의 글 #2

이 시대를 함께하는 청년들에게 권하고 싶은 책

글을 읽으며 '나에게도 그런 시절이 있었지' 하는 생각이 들었다. 세월이 흘렀지만, 동기들과 함께했던 기억이 떠올라 입가에 웃음 지어졌다. 순수하고 진솔한 생도들의 모습이 글에 고스란히 담겨 있다.

학과 수업과 실습, 자기계발, 봉사활동 등 생각만 해도 생도들의 하루는 할 일이 태산인데, 그 속에서 7인 7색의 생도들이 작가를 꿈꾸고 그 꿈을 펼쳐 한 권의 책이 탄생했다. 우리 생도들의 글에서 '사람은 책을 만들고, 책은 사람을 만든다.'라는 말이 자연스레 떠오른다. 글쓰기를 통해 생도들이 장교로서 잘 성장하는 모습을 볼 수 있어 자랑스럽고 뿌듯하다.

누구나 겪는 고등학교 3학년 시절의 입시전쟁에서 사관생도의 길을 선택하여 미래 간호장교가 되기 위한 간호사관생도의 여정을 속속들여다볼 수 있고, 내 가족이 아닌 누군가와 함께하는 단체생활과 처음 해보는 군사훈련, 간호학 공부와 실습에 관한 이야기 등 간호장교가 되기 위한 긴 여정을 함께 하며 Book-do칠성 생도들이 펼치는 이야기가 뭉클하고 웅장하다. 대학생이던 딸에게 '부전공을 해보는 건 어때?'라고 물었을 때, '전공만 공부하는 것도 시간이 부족한데.'라고 했던 말이 생각난다.

    우리 생도들은 간호학 공부하고 실습하며, 군사학, 훈육과 자치지휘근무, 상담학, 봉사활동까지 하면서 짬짬이 글을 쓰고 책을 내었으니 참 기특하고 대견스럽다.

    군인의 꿈을 꾸고, 간호의 업(業)을 배우며 사관생도의 길을 가고자 하는 학생들에게 미리 간호사관생도의 생활을 간접 경험할 수 있는 좋은 안내서와 같은 책이다. 또한 장교의 길을 걷고 있는 선배들에게는 그림처럼 펼쳐지는 생도시절 추억을 불러오는 책이다. 생도들이 때로 어렵고 힘들고 슬펐던 순간을 극복하고 새로운 도전을 하며 스스로 성장하는 과정을 엿볼 수 있는 4년간의 성장드라마에 담긴 솔직담백한 일상과 자기성찰의 기록이 아름답다. 군생활이나 단체 생활이 궁금한 MZ 청년들에게 스스로 성장한다는 것이 어떤 것인지 영감을 줄 수 있는 책이기에 이 시대를 함께하는 청년들에게도 권하고 싶은 책이다.

    몇 년 후, 『20대 청춘, 특별한 사관생도의 길, 그 이후』, 혹은 『현직 간호장교의 좌충우돌 리얼 스토리』 등 생도 작가들이 간호장교 작가로서 어떤 새로운 이야기를 들려줄까 기대되고 기다려진다. 아낌없는 응원의 마음을 보낸다. 군인들과 국군간호사관학교 생도들을 사랑하는 많은 분들께, 책을 통해 다양한 사람들과 대화하기를 좋아하는 분들에게 이 책을 추천한다.

국군간호사관학교장 강점숙

추천의 글 #3

한국 나이팅게일의 후예들의 도전

생도대장이라기보다 과거 비슷한 경험을 가진 선배로서 후배들의 진솔한 이야기들은 하나 하나 공감하며 빠져들기에 충분히 흥미로웠다. 이 책은 그 누구보다 치열했던 수험생 시절부터 쉽지 않은 선발시험의 좁은 문을 통과하고 기초군사훈련을 거쳐 어엿한 최고학년 생도가 되기까지의 일곱 예비간호장교(Book-do 칠성)의 좌충우돌 성장 기록이다.

평범한 삶을 거부하고, 위국헌신하고 국민의 생명을 수호하는 간호장교의 길을 선택한 생도들의 순수한 열정과 멋진 도전에 박수를 보낸다. 생도생활을 거쳐 간호장교가 된다는 것은 자신의 선택에 대해 끊임없이 자문하고 해답을 찾으며, 넘어지면 털고 일어나 앞으로 정진해 나가야 하는 결코 쉽지 않은 과정이다. 때로 여유 없는 학사일정과 힘겨운 과업들, 복잡한 인간관계, 이유 없이 밀려오는 무력감으로 자신의 적성과 능력을 의심하며 포기하고 싶은 순간도 있었겠지만 이들의 이야기에서는 어떤 상황에서도 굴하지 않고 앞으로 나아가게 하는 '힘'을 발견할 수 있다. 이것을 우리는 '넛지' 또는 '회복탄력성', '근성', '잠재력', '긍정성'이라고 부른다.

간호사관생도를 꿈꾸는 수험생뿐만 아니라 미래의 꿈과 목표를 향해 도전해나가는 이들에게 용기와 위로, 공감을 전하는 좋은 지침서가 될 것이라 생각한다.

간호장교로 비상을 준비하고 일상을 살며 매일 성장해가는 한나예(한국 나이팅게일의 후예)들의 도전과 그들이 만들어가는 미래를 응원한다.

생도대장 이순영

■ 프롤로그

"We will be there!"

국군간호사관학교 역사관에 새겨져 있는 문구이다. 선배 간호장교들이 그랬듯이 생도들도 국가와 국민의 안녕을 위해 언제든 어떤 곳이든 달려갈 것이다. 그곳에 있기 위해 4년 동안 참 열심히 배우고 익힌다. 어쩌면 누군가에게는 평범한 시간이, 생도들에게는 새들의 털갈이처럼 과거의 나에게서 떨어져나오는 묵직한 변화의 과정이다.

코로나 감염병 위기 초기에 대구로 달려갔던 건강수호 전사(戰士) 소위들은 그런 과정을 거쳐 성장했다. 에볼라가 창궐했던 시에라리온, 튀르키예 지진 잔해 속, 우리의 하늘과 바다를 지키며 한겨울 칼바람 속에 경계근무를 서는 국군장병들 곁에서……

변화의 생도생활 과정 중 일곱 명의 한여울[1]들이 모였다.

처음으로 시도하는 프로젝트라 들뜨기도 했지만, '원하는 목표를 달성할 수 있을까?' 하는 의구심도 있었다. 하지만, 생도들의 열정은 그 어느 것과도 견줄 수 없었다. 동아리 이름은 'Book-do 칠성'이라

---

1) 모두의 마음을 모아 하나의 힘찬 여울을 만든다. 국군간호사관학교 64기 동기회 애칭

고 생도들이 지었다. 이들을 보며 문득 30여 년 전의 내 모습이 떠올랐다. 학보사 문화부 기자로, 편집국장으로 기사를 편집하고 교정하면서 뜬눈으로 밤을 보내곤 했었다. 일상의 꿈을 백합문예지에 담아 펼치면 스스로 뿌듯함이 차올랐다. 찬란하고 아름다운 생도생활이었다. 30년 전 그 생도는 바로 꿈과 열정이 서로 닮은, 국군간호사관학교를 사랑했던 바로 오늘의 김하린, 손수정, 오찬실, 정선주, 최지영, 김지예, 예지현 생도이기도 하다.

글쓰기와 책쓰기의 좋은 경험을 통해 생도들이 성장할 수 있도록 많은 분들이 함께 해주셨다. 감사 인사를 전해드린다.

미라클팩토리 기성준 대표(『글쓰기부터 바꿔라』 작가)님은 Book-do 칠성 생도들을 위해 부산에서 대전까지 즐겁게 오가며 대면·비대면 글쓰기 수업을 해주셨다. 각자의 이야기 만들고 기록하기, 글쓰기 코칭의 회가 거듭될수록 생도들의 생생하고 다채로운 일상이 재미있고 흥미로운 글로 쓰고 모여졌다.

양은숙 동문(『엄마군인이 전하는 사랑의 백신』 작가)은 책이 만들어지는 긴 여정을 함께하며 생도들의 여름휴가 기간 1박 2일로 진행된 '행복한 글쓰기 워크숍'을 지원해주셨다.

　한명욱 동문(『리딩퍼포먼스』 작가)도 직접 학교에 방문해서 생도들의 질문 공세를 행복해하며 공동저자로 참여했던 경험을 나누어 주셨다.

　서울 잠원동 DID코칭센터 송수용 대표님은 워크숍 이후에도 생도들과 강점코칭을 해주시면서 '좋은 어른의 정성어린 환대'를 생도들이 경험하게 해주셨다.

　'간호장교 생활을 어떻게 설계할까' 하는 4학년 생도들의 고민을, 선배와의 만남으로 현장에서 따뜻하게 품어준 국군서울지구병원 양지선 간호부장님과 간호장교 선배님들께도 진심으로 감사드린다. 생도들을 사랑하는 많은 분들의 응원으로 '책을 정말 책답게 만들어 가는 여정'이 아름다웠다.

　이 책은 도서관에서 진행하고자 했던 생애주기프로그램 중에서 대학생이 할 수 있는 단계별 프로그램을 완성하게 된다는 기쁨과 기대감을 담고 있기도 하다. 생도들의 열정과 삶의 흔적들이 지면을 통해 많은 사람들에게 읽혀지고 공유되기를 바란다. 사관학교 동문은 물론 사관학교를 준비하는 예비 생도들, 그리고 국군간호사관학교를 사랑하는 모든 이들에게 귀한 선물이 될 것이라고 생각한다.

    Book-do 칠성 7명이 함께 만든 소중한 기록을 통해, '나는 누구인가?'하는 질문에 답을 찾아 저마다 즐거운 한 걸음 다가가기를 소망한다. 반짝반짝 빛나는 생도들의 일상이 별처럼 아름답다.

2023년 겨울 자락에 30년 전 그 생도,

교수부장 김윤주

■ 생도 생활을 기록하기 위한 책을 내면서

국군간호사관학교 도서관장으로 11년이 되었다. 일상생활에서 언제나 나는 기록을 꿈꾸며, 잊어버리고 스쳐 지나가는 소소한 것들에 아쉬움이 있었다. 사서로써 '사람들이 읽는 책을 가까이에 두는 일상을 만들어 주는 사람'이 되고 싶은 소망도 있었다. 관장으로 일하면서 도서관은 학술정보관으로 성장하였으며, 내가 근무하던 첫해에 만났던 생도가 임관하여 전·후방 근무를 하다가 대위가 되어 돌아오는 반가운 만남도 있었다. 국간사에도 나에게도, 내부적으로나 외부적으로 작고 큰 변화가 찾아왔다.

어떻게 하면 간호사관학교 생도들이 학술정보관과 가까워질 수 있을까를 고민했다. 더 나아가 생도들에게 책과 가까워질 수 있는 환경을 제공한다면 졸업 전 책 읽는 습관을 가질 수 있을 것이라 확신했다. 그래서 기획한 것이 생애주기프로그램이다.

4년 동안 독서와 글쓰기의 교육을 제공하는 장기적인 프로젝트였다. 생도들이 1학년으로 입학하면 도서관에서 6번의 독서코칭을 진행하고, 2학년이 되면 그 6권의 책이 마중물이 되어 100권의 나예북을 읽고, 3학년 실습에 바쁜 기간에는 명저읽기 평가 프로그램을 활용한 인터넷상의 꼼꼼한 책 읽기를 진행하는 긴 프로젝트를 구상하고 차곡

차곡 진행하기 시작하였다. 이 과정을 통해 국간사를 졸업할 즈음에는 평생독서의 교육을 경험하고 졸업할 수 있도록 마음을 담아 프로젝트를 설계를 했다.

4년의 마지막, 추억을 남겨주고 싶어 책 출간 프로젝트를 기획하였다. 책이 출간된다면 언젠가 생도들이 주인공이 되어 작가로서 '선배와의 만남'으로 다시 학교를 찾을 모습을 떠올리니 흐뭇한 웃음이 지어졌다. 국간사 졸업생 임관 20주년, 30주년 홈커밍 행사 때에도 후배들에게 '책'을 통한 의미 있는 연결이 있을것으로 생각됐다.

4학년 전체 특강을 통해서 희망자 신청을 받아 7명의 개성 가득한 생도들이 모였다. 북두칠성(Book-do 칠성)이라는 재미있는 이름으로 책 만들기 동아리가 형성되었다. 양은숙(간호장교선배)작가님이 적극적으로 책을 제작하는 방법도 자세하게 알려주셨고, 한명욱(간호장교선배)작가님도 공동저자 도서의 특징을 설명해 주고, 참여했던 경험 등을 직접 학교에 방문해서 알려주는 등 여러 사람의 노력이 보태졌다.

책을 정말 책답게 만들어 가는 과정을 함께 했다. 총 6회의 글쓰기 방법, 이야기 만들고, 기록하기, 1박 2일 워크숍 등을 통해서 생도들의 생생하고 다채로운 일상은 재미있고 흥미로운 이야기로 변화가 되어 원고가 모아졌다.

    이 책은, 학술정보관에서 진행했던 생애주기프로그램에서 마지막 단계를 완성하는 피날레를 장식한다는 점에서 더욱 감격스럽다. 생도들은 가능성을 무한히 가지고 있는 새싹처럼 날마다 성장한다. 나는 이 새싹들이 군과 간호장교로서 건강히 자랄 수 있도록 책이라는 물을 주는 기쁨을 누리고 있다.

    생도들의 소중한 이야기를 담은 책 출간을 국군간호사관학교 사서로서 관장으로서 기획했다는 것이 2023년에 가장 소중한 기억이 될 것이다. 그리고 모든 것에 도움을 주신 기성준 작가님과 양은숙 작가님. book-do 칠성의 워크숍을 지원해주신 송수용 DID센터 대표님과 지구병원 양지선 간호부장님과 간호장교 선배님들에게 진심으로 감사의 메시지를 담는다.

온기 품은 겨울에,
학술정보관장 이영희

〈추천의 글 #1〉

꿈과 목표를 향해 도전해나가는
젊은 청춘들의 바로미터가 되기를
- 국간사발전기금 이사장 민병숙 ·················· 4

〈추천의 글 #2〉

이 시대를 함께하는 청년들에게 권하고 싶은 책
- 국군간호사관학교장 강점숙 ·················· 6

〈추천의 글 #3〉

한국 나이팅게일의 후예들의 도전
- 생도대장 이순영 ·················· 8

프롤로그
- 교수부장 김윤주 ·················· 10

생도 생활을 기록하기 위한 책을 내면서
- 학술정보관장 이영희 ·················· 14

김하린 — 21

1. 치열하고 아름다운 10대의 마지막 / 022
2. 간호장교가 되기 위한 첫 발자국 / 026
3. 위기의 연속, 부비트랩을 뛰어넘다 / 031
4. 생도로서 살아간다는 것 / 036
5. 우당탕탕 간호 실습 이야기 / 041

손수정 — 47

1. 노는게 제일 좋아 / 048
2. 국군간호사관학교? 그게 뭔데? / 052
3. 전교생이 함께 사는 기숙사 / 057
4. 이 또한 지나가리 / 062
5. 내가 힐링하는 방법 / 067

오찬실 — 73

1. 군인이 되고 싶었던 이유 / 074
2. 국군간호사관학교에 첫 발을 내딛다 / 080
3. 시작이 반이라길래, 시작만 하면 되는 줄 알았지 / 085
4. 보이지 않는 곳에서 최선을 다하는 삶 / 091

정선주 — 97

1. 빛나는 눈동자를 갖고 싶어 / 098
2. 우연일까, 필연일까? 간호사관학교와의 첫 만남 / 106
3. 내 인생 슬럼프 "어쩌겠어, 해내야지." / 110
4. 사서 하는 고생이 최고, 가장 치열한 날들의 기록 / 115

최지영 — 125

1. '어쩌다 보니' 국군간호사관학교 생도 / 126
2. 국군간호사관학교는 이런 곳! / 130
3. 생도라서 참 좋다! / 135
4. 반짝이는 내 추억들 / 139
5. 나를 극복하게 해주는 힘 / 143

김지예 — 149

1. 보이지 않는 새로운 길을 선택하다 / 150
2. 군대는 작은 사회: 여기도 사람 사는 곳이다 / 155
3. 통일 사관학교 / 160
4. 악명 높은 그 이름 군사학기 / 166
5. 특별한 나의 간호사관의 삶 / 172

차례

예지현 ······ 177
1. 할 수 없는 것들에 대한 열망 / 178
2. 간호사관학교, 점점 스며드는 나 / 182
3. 나도 몰랐던 슬럼프 / 187
4. 평범함과 특별함 그 사이 / 191
5. 4년간의 생도생활, 나만의 꿀팁 / 194

나의 미래 간호장교의 모습(내가 꿈꾸는 간호장교의 모습) ······ 199
- 특별하고도 빛나는 나의 직업을 사랑해 - 김하린 / 200
- 나는 어떤 간호장교가 되고 싶은가 - 손수정 / 203
- 4년 뒤 간호장교로서의 모습 - 오찬실 / 206
- 이름값 하고 살자 - 정선주 / 209
- 4년 뒤 어느 날 나의 일기 - 최지영 / 212
- 두렵지만 앞으로 한 발 더 - 김지예 / 215
- 4년 뒤 미래모습 - 예지현 / 218

에필로그 ······ 220
응원의 글 ······ 224
〈부록 #1〉「Book-do 칠성」일지 ······ 231
〈부록 #2〉 국간사 발전기금 안내 ······ 251

운동을 좋아하고 간호학에 관심이 있어 국군간호사관학교에 지원하였지만, 지금은 공부보다는 다양한 경험을 하고 싶은 4학년 생도이다. 늘 최선을 다해 성실하고자 노력하는 편이며, 머릿속으로는 다양한 공상을 즐겨한다. 여가시간에는 소설을 읽거나 블루투스 스피커로 음악을 플레이리스트를 들으며 침대에 누운 채 힐링하는 것을 좋아한다.

1. 치열하고 아름다운 10대의 마지막

✏️ 배수진을 치고 대학 입시를 준비하다

고등학교 때 기억을 떠올리면, 학교 수업이 모두 끝난 뒤 독서실에 가서 공부하고 집으로 돌아와 폭신하고 보들보들한 이불에 폭 감겨서 잠드는 일상이 떠오른다. 침대에 누워 노곤하게 있으면 어머니께서 오늘 하루 어땠냐고 물어보시곤 했는데, 그때마다 "침대에 누운 게 너무 행복해요."라고 할 정도로 열심히 살았다.

고등학교 2학년 말, 과학 중점반에서 문과로 전과하고 전학까지 가게 되면서, 재수할 수도 있다는 위기감이 생겼다. 그러다 보니 내신도 모의고사도 최선을 다해 준비했고 틈틈이 소논문과 보고서도 쓰며 정말 성실하게 학교생활을 했다. 당시에 작성했던 보고서 중에서는 감염병 전파 게임을 정치·사회적 요인, 전파경로, 병원체의 특성을 바탕으로 분석한 보고서가 가장 기억에 남는데, 평소에 관심이 많았던 감염병에 대해 다양한 방식으로 공부해보는, 무척이나 재미있었던 경험이라 그런 듯하다. 그리고 보고서를 발표했을 때 같은 반 학생들이 흥미로워하는 모습을 보자, 과학 중점반에서 해왔던 다양한 과학 활동과 발표 경험, 공부습관들이 3학년 때 비로소 꽃을 피웠구나 하는 생각에 전과하면서 느꼈던 걱정이 뿌듯함으로 변해갔다.

🖉 내가 가진 모든 것을 펼칠 수 있는 직업, 간호장교

지원하기 전, 군인의 꿈을 키웠다기보다는 나에게 중요한 가치는 무엇인지, 그것을 실현하기 위해서는 어떤 직업을 가져야 하는지를 생각해보았다. 생명과학, 의료, 제약 부문에 관심이 많았고, 경제적으로도 물리적으로도 독립하고 싶었고, '체력 하면 나.' 싶었던 나에게 '간호장교'는 내가 가진 모든 것을 펼칠 수 있는 직업이었다. 생도의 삶에 대해 아는 거라곤 유튜브에 업로드된 영상 몇 개가 전부였지만, 새로운 도전을 좋아하는 나로서는 두려움보다는 설렘이 앞섰다. 생도로서 열심히 공부하고 다양한 대외활동에 참여하고, 훈련에서도 멋지게 해내는 나의 모습들이 눈에 보이는 것만 같았다.

처음 내 꿈에 대해 들은 사람들의 반응은 비슷했다. "대단하다. 왜 사서 고생해? 근데, 잘 어울린다." 나를 신기하게 쳐다보는 것이 이상하기도 민망하기도 했지만, 그래도 특별한 꿈을 가졌다는 사실은 나를 들뜨게 했다. 그리고 잘 어울린다는 말을 들으니 내가 다른 사람들에게 보이는 모습이 어떤지 알 것도 같았다. 그래도 열심히 사는 모습은 보여준 게 아닐까 하는 생각에 뿌듯했다.

부모님께서는 너무나 좋아하셨다. 내게 딱 어울리는 직업이라며,

꼭 됐으면 좋겠다고 하셨다. 어머니께서는 내가 군인이 되는 것에 대해 조금 걱정하시기도 했지만, 아버지께서는 잘 해낼 거라며 어머니를 다독이셨다.

꿈을 이루기 위한 1년간의 여정

사실 사관학교 시험을 준비하는 것은 내신 공부하는 것보다 편했다. 모의고사 한 번 망한다고, 하루 공부를 안 한다고 큰일 나는 것도 아니었고, 원래 정시파이기도 해서 나에게는 오히려 매력적인 시험이었다. 1차 시험이 3달 정도 남았을 때 학교에서는 모의고사 문제집을 풀고, 하교 후에는 독서실에 가서 사관학교 기출문제를 풀면서 준비했다. 수능과 크게 다르지 않은 문제들로 구성되어 있어 사관학교 시험도 수능을 준비하는 기분으로 했던 것 같다.

체력검정을 준비하기 위해 체대 입시학원에 다니기 시작한 후로 운동한 다음 날 학교에 가면 온몸이 두들겨 맞은 것처럼 너무 아파서 파스를 붙이고, 그 와중에도 공부하겠다며 아메리카노를 수액처럼 달고 다니곤 했었다. 그렇게 하루 종일 공부하다 보면 팔다리가 저릿할 때가 종종 있었는데, 그럴 때는 열심히 한 스스로를 뿌듯해하며 저릿한 부분을 열심히 주물러준 뒤 다시 책상에 앉아 공부하곤 했다. 졸업식 날 같은 반 친구들이 써준 롤링페이퍼를 보면 '내 옆에 가면 커피 향기가 나서 기분이 좋았어.'라는 문구가 있다. 그 당시 나는 친구들이 뿌리던 아름다운 향수의 과일 향보다는 파스 냄새와 커피 향을 두르고 살았는데, 그 순간들이 나에게는 열심히 살았다는 훈장 같은 기억이다.

    체력검정에서 가장 걱정되었던 부분은 팔굽혀펴기다. 나는 한 개도 하지 못했던 터라 과연 할 수 있을까 걱정을 많이 했었는데, 처음에는 무릎 대고 연습하며 근력을 키웠고, 이후에는 다시 봉을 잡고 연습하며 개수를 늘려나가다 보니 결국 기준에 도달할 수 있었다. 뜀걸음은 원래 자신 있었기에 꾸준히 1.4km씩 달리며 준비했다. 주변에서는 힘들겠다며 걱정했지만 나는 오히려 환기되는 느낌을 받았다. 체대 입시학원에 다녀오면 개운했고, 그 옆에 있던 자판기에서 마시던 망고주스에 하루의 피로가 풀렸고, 함께 입시를 준비하던 친구와 도란도란 이야기하며 즐거움을 느꼈다. 물론 처음 운동을 시작할 때는 많이 힘들었지만, 내 다리가 막히는 느낌 없이 쭉 앞으로 나가는 느낌이 너무나 좋아 전속력으로 달리는 걸 즐기기도 했다. 한 가지 불편했던 점은 저녁을 먹고 바로 체대 입시학원을 가다 보니 밥을 많이 먹을 수가 없었다는 것이다. 끝나고 야식을 먹을까 생각하기도 했지만, 그러면 다음 날 아침에 일어났을 때 더부룩해서 기분 좋은 아침을 맞이하지 못할 것 같기도 했고, 살이 찌면 무거워져서 뜀 걸음 기록이 나빠질까 걱정이 되기도 하여 그러지 못했다. 대신 아침에 맛있는 음식들을 푸짐하게 먹고, 공부하는 동안 간식도 조금씩 챙겨 먹으며 스스로에게 보상해주었다.

2. 간호장교가 되기 위한 첫 발자국

📝 입학의 마지막 관문, 기초군사훈련

드디어 집을 떠나 독립하여 대학교를 다닐 수 있다는 생각에 너무나 들떴다. 기초군사훈련에 들어가기 전까지 정말 큰 걱정은 하지 않았다. 체력적인 부분이 걱정되는 것도 아니었고, 원래 집순이라 밖에 잘 안 나가기도 하고, 누군가와 연락을 자주 하는 것도 아니라서 그저 한 달 굳세게 마음먹고 버티면 끝날 줄 알았다. 그러나 기초군사훈련 첫날, 아침 일찍 일어나 5분 만에 모포를 개고 허겁지겁 옷을 갈아입고 꾸깃거리며 전투화를 신은 채 소연병장까지 달려나가는 순간, '와, 쉽지 않겠는데?' 하는 생각이 들었다.

방탄모를 쓴 채 제식 동작을 연습하니 머리는 깨질 듯이 아팠고, 머리로 생각하는 것과 다르게 움직이는 내 몸을 보며, 내가 몸치라는 사실을 깨달았다. 교관님들의 강연을 들을 때는 눈이 스르르 감겨 깨어 있기 위해 꼬집어가며 버텼고, 첫 소총을 쏘는 날에는 견착하다 상체 이곳저곳에 멍이 들기도 했다. 옆에서 총 쏘는 소리에 눈이 파르르 떨렸고, 비 오는 날 하나도 맞지 않은 내 표적지를 볼 땐 정말 소질이 없는 것만 같아 과연 생도가 될 수 있을까 하는 고민도 했다.

그런 우여곡절 끝에 입학식을 했을 때, 선배 생도님들께서 환영의 박수를 보냈을 때, 정말 끝이 났구나, 하는 마음에 벅차올랐고, 가슴 깊이 안도했다.

새로운 학교에서 새 출발

고등학교 때 학교 건물만 생각하다, 생도대와 생도회관, 교본부 등 여러 건물이 있는 것을 보고 진짜 대학에 왔구나 하는 생각이 들었다. 이제는 자습실에서만 공부하는 것이 아니라 직접 실습을 하고, 다양한 장소에서 새로운 학문을 배울 수 있을 거라는 기대에 부풀었다. 인체 해부 모형을 보며 의학용어를 술술 읊으며 어디가 문제인지, 어떤 처치를 해야 하는지 말하는 내 모습을 상상하기도 했다. 부푼 마음을 가득 안고 도서관에 가니 다양한 종류의 수많은 책, 카페에서 볼 법한 긴 책상과 높낮이가 조절되는 의자, 감성을 자극하는 스탠드들이 배치되어 있었으며, 전체적으로 학구적인 분위기였다. 그곳의 분위기를 느끼고 나니, 나도 이제는 고등학생이 아닌 대학생으로서, 무작정 암기만 하기보다는 학문을 탐구하는 사람이 되고 싶다는 생각이 들었다.

처음 전공 서적을 받았을 때, 진짜 대학생이 된 것 같아 너무나도 뿌듯하고 좋았다. 가방에 넣어 다니기 시작하니 너무 무거워서 원망스럽기도 했지만 말이다. 그러다 매주 수시시험을 보게 되자, 이렇게 두꺼운 책을 공부해본 적도 없고, 내용도 생소한데 과연 내가 할 수 있을까 하는 의심이 들었다. 긴장되고 부담되는 마음에 많이 힘들어하기도 했지만, 주변 동기들은 어떻게 하는지 물어보기도 하고, 유튜브에서 공부하는 방법에 대한 영상도 찾아보자 조금씩 요령이 생기기 시작했고, 복불복 같던 내 성적도 안정궤도를 찾아갔다.

학교에서 지친 몸을 이끌고 기숙사로 돌아오면 둥글게 모여 앉아 이야기를 나누는 동기들이 보였다. 혼자 방을 쓰던 고등학교 시절과 달리 누군가와 함께 쓴다는 건 생각보다 많이 힘들었다. 내 소소한 힐링 중 하나는 블루투스 스피커를 켜놓고 침대에 누워있는 것이었는데, 함께 있는 공간에서는 할 수 없는 일이었다. 편안하게 쉬고 싶어도 룸메이트가 있으면 온전히 휴식하기가 어려웠고, 코로나19로 외출 및 외박이 제한되면서 내 불편함은 더 커져갔다. 그럼에도 저녁 시간에 둘러앉아 PX 음식을 나눠 먹으며 시간을 보내거나, 함께 점호 준비, 분대 모임, 시험공부도 하면서 나도 모르게 기숙사 생활에 점차 익숙해져갔고, 혼자였을 때 느끼지 못했던 소속감과 즐거움도 조금씩 알게 되었다.

재미있을 때도 많았지만, 종종 단체생활에 지치거나 혼자만의 시간이 필요할 때는 교내 도서관에 있는 푹신한 의자에 앉아 잔잔한 플레이리스트가 들려오는 이어폰을 낀 채 재밌고 좋아하는 책들을 읽으며 스트레스를 해소했다. 코로나19 지침이 완화되고 나서부터는 외부 카페 또는 독서실에 가서 간단한 다과와 신선한 영상들을 즐기며 힐링하기도 했다.

📝 내 힘으로 꾸리는 일상

용돈을 받았던 고등학교 때와 달리 입교 이후에는 나라에서 주는 생도 품위 유지비를 받았다. 부모님께 부탁드리지 않아도 내가 사고 싶은 것들을 살 수 있게 되자 들뜬 마음에 과소비하기 시작했다. 저것도 사고 싶고 이것도 사고 싶고… 억눌렸던 구매욕구가 폭발하는 시기였다.

몇 개월쯤 지나고 거래 내역을 확인하기 위해 모바일 통장을 열었을 때, 나는 내가 한 소비의 절반 정도가 불필요한 소비라는 사실을 깨달았다. 사고 나서 몇 번 쓰지 않았던 색연필 세트, 겨우 두어 페이지 색칠한 컬러링북, 쌓여만 가는 휴대폰 케이스까지… 기분대로 막 사들이던 습관을 고쳐야 앞으로 돈을 차곡차곡 모을 수 있을 것 같았다. 그리고 이제부터는 자기계발에도 투자하고 싶다는 생각이 들었다. 매일매일 학교 수업과 과제만 따라다니던 고등학교 생활은 이만 졸업하고 내가 스스로 원하는 일들을 하며 능력을 키우고 싶었다.

이러한 이유들로 나는 자유적금이었지만, 그날 이후 일정한 금액을 정해놓고 자동이체되도록 설정했다. 그리고 생활비를 정한 뒤, 문화비 등 다른 필요한 부분이 있는지 고민하여 소비계획을 세웠다. 100% 성공한 경우는 많이 없었지만, 그래도 이전에 비해 체계적인 소비를 할 수 있어서 돈도 어느 정도 모았을 뿐만 아니라 나만의 힐링 취미생활과 심리학 공부, 영어 공부 등에 필요한 교재 및 준비물들을 구매할 수 있었다. 스스로 돈을 모으고 문화비용을 마련해 공연 티켓이나 책들을 사는 일은 나에게 소중한 일상의 행복이 되었다.

3. 위기의 연속, 부비트랩을 뛰어넘다

📝 위기를 기회로, 새롭게 도전하다

1학년 때는 공부를 잘하고 싶었다. 막막하기는 했지만, 간호학과를 원해서 온 만큼 욕심이 있어서, 동기들이 주말에 외출하자 해도 거절하고, 예비시간에도 쉬지 않고 복습을 하겠다며 책을 펼치곤 했다. 언제나 집중이 되는 건 아니었지만, 내 나름대로 최선을 다했다. 1학기를 마치고 나니 가능성이 보였고, 2학기 때 잘 해내면 내 목표를 이룰 것 같았다. 그러나 새로운 교양과목, 그중에서도 영어가 발목을 잡았다. 영어 때문에 재수할 뻔했던 나로서는 영어 수업을 듣는 것만으로도 너무 힘들었던 차에, 영어 페이퍼 과제까지 마주하자 진심으로 절망스러웠다. 수업시간에 배웠던 프린트를 열심히 읽고, 영어로 글 쓰는 법도 찾아보며 노력했지만, 내 바람대로 되지는 않았다. 생각보다 타격이 컸고, 다른 교양과목도 예상치 못한 성적을 받으며 순식간에 등수가 곤두박질쳤다. 그동안 해온 노력이 물거품이 된 것 같아 너무나 속상했고, 공부 열심히 해봐야 소용없다는 생각에 아무것도 하고 싶지 않았다. 그렇게 2학년이 되었다. 1학년 때는 어떻게든 공부에 열중하며 보냈지만, 2학년이 되니 언제까지 이렇게 살아야 하나 싶어 회의감이 들었다. 나를 환기시킬 무언가가 필요할 것 같았다. 이번에는 학교생활에 관심을 가져볼까 하던 차에 지휘근무 선출시기가 눈앞으로 다가왔다. 성적이 떨어지지는 않을까, 내가 잘 해낼 수 있을까 고민하며 결국 시도해보지 않았던 과거와 달리, 그 당시 나는 잃을 것이 없다는 생각이 들었다. 쟁쟁한 후보들이 많아 정말 큰 기대를 할 수 있는 상황은 아니었지만, 진심을 다해 출마 공약을 써 내려갔다. 내가 뜀걸음을 잘할 수 있었던 건 동기와 매일 함께 달렸기에 가능했으며, 나도 그렇게 도움을 줄 수 있는 체육참모생도가 되겠다고 했다. 분리수거가 복잡하다 보니 힘들어하는 경우가 있었는데, 이를 쉽게 할 수 있도록 안내판도 만들겠다고 했다. 외향적인 편도 아니었고, 지휘근무를 했던 것도 아니었지만, 그 순간만큼은 동기들을 위해 무엇이든 할 수 있을 것 같은 기분이었다. 나의 진심이 통했던걸까? 운이 좋게도 나는 21학년도 1학기 학년 중대 체육참모가 되었다. 나를 믿어준 동기들에게 고마웠고, 덕분에 나는 힘차게 생활할 힘을 얻었다. 지휘근무를 하는 동안 힘든 순간도 많았지만, 그때마다 선배 생도님들께서 공감하며 격려해주시기도 하고, 동기들에게 함께 뛰어줘서 고맙다는 말도 들으니 정말 하길 잘했다는 생각이 들었다. 그날의 경험으로 나는 답이 안 보이는 것 같을 때, 그 문제에 매몰되기보다는 변화를 주는 것이 슬럼프에서 빠져나오는 좋은 방법이라는 것을 배울 수 있었다.

✏️ 모든 순간은 의미가 있다

여전히 성적에 대한 욕심이 있었다. 못하는 편은 아니었지만, 더 잘하고 싶은 마음이 컸다. 2학년 때 오른 성적은 3학년 때까지 그대로였다. 현상 유지를 한 것만으로도 열심히 한 것일 텐데 나는 만족하지 못했다. 여가시간을 많이 포기하고 있는데도 원하는 성적을 받지 못한다는 생각에 차라리 공부를 대충하고 동기들과 신나게 놀러 다니는 것이 이득이지 않을까 하는 생각이 들기도 했다. 그러다 문득 이제부터는 결과보다는 과정을 의미 있게 바라보자는 다짐을 했다. 수업시간에 배웠듯 간호가 무형의 특성을 가지고 있기에 기록을 함으로써 간호행위를 증명해내는 것처럼, 나도 나의 기록을 남기기 시작했다. 처음에는 다이어리에 수기로 썼는데, 너무 피곤하거나 다이어리를 집에 두고 오게 되면 쓸 수가 없어 자주 밀리곤 했다. 이 문제를 해결할 방법은 없을까? 언제나 들고 다닐 수 있고 편하게 쓸 수 있는 게 뭘까? 그 순간 아이디어 하나가 번뜩 스쳤다. 스마트폰? 정말 매 순간 함께 하는, 잘 때까지 옆에 두는 스마트폰이라면 언제든지 쓰고 싶을 때마다 기록할 수 있을 것 같았다. 과제가 너무 많아 지쳐 쓰러질 때도, 밤을 새워가며 시험공부를 할 때도, 원하던 결과를 얻지 못했을 때도 나는 나의 기분과 현재를 솔직하게 적었다. 가끔씩 너무 힘들 때 한 번 들여다보면 피식하고 웃음이 나곤 한다. 그래, 나 이렇게 열심히 살았지. 원하는 만큼 일기들을 읽고 나면 마음이 차분하게 정리되어 다시 앞으로 나아갈 수 있게 된다.

📝 내 뜻대로 되지 않아도 괜찮아

　세상일이 내 맘 같지 않을 때가 많다. 열심히 준비해도 좋은 결과가 나오지 않거나, 계획을 세웠지만 변수가 나타나서 무용지물이 되거나, 정말 하고 싶었던 일이 일정 상 해야 하는 일과 겹쳐서 포기해야 하거나. 학교를 다니면서도 비슷한 일들이 많았다. 그럴 때마다 J 성향의 나로서는 화가 나다가도 자책하게 되었다. 내가 이것까지 예측했어야 했는데 그러지 못하다니 나는 너무 부족한 것 같아. 이제 와 생각해보면 사실 너무 교만한 것일지도 모른다. 내가 뭐라고 세상 모든 일을 예측한단 말인가. 한창 힘들어하던 중 내 인생 드라마 '스물다섯, 스물하나'를 만났다. "넌 실력이 비탈길처럼 늘 것 같지? 아니야. 실력은 계단처럼 늘어. 사람들은 보통 여기서 포기하고 싶어져. 이 모퉁이만 돌아나가면 엄청난 성장이 기다리고 있을 텐데 그걸 몰라. 왜? 여기가 영원할 것 같아서." 나에게 그 말이 너무 큰 위로가 되었던 것 같다. 그 순간 나도 주인공처럼 눈에 보이는 결과가 없더라도 스스로를 다독이며 열심히 살아가야겠다는 다짐을 하게 되었다.
　잘하지 못해도, 내 눈에 차지 않아도 그저 나로서 사랑해주기로 마음을 먹다 보면 새로운 일을 시작할 때 생기는 부담감과 잘해야만 한다는 강박으로부터 자유로워지는 것 같다. 부담감이 줄고 나니 도전하는 일도, 누군가에게 제안하는 일도 한 번 해보자는 생각이 들었고, 비록 실패하더라도 금방 털고 일어나거나, 새로운 경험을 하면서 더 많은 것들을 배우게 되었다. 그리고 때로는 나에게 나쁜 일이라고 생각했던 것들이 오히려 좋은 기회가 된다는 걸 느꼈다. 만약 처음부터 좋은 결과를 얻었다면, 지휘근무를 안 나가지 않았을까? 그렇게 생각하고 나니 속상한 일이 생기더라도 그럴만한 이유가 있겠지 하며 조금은 쿨하게 넘길 수 있게 되었다.

4. 생도로서 살아간다는 것

📝 쉽지 않은 생도 적응기

생도로서의 삶은 지금까지 살아왔던 나의 사고방식을 헤집어 놓았다. 청소도, 제식도, 복장정비도 '적당히 하자'는 마음으로는 해낼 수 없었다. 꼼꼼해야 했고, 동기들과 역할을 분배해야 했고 그러다 보니 혼자서 할 수 있는 일보다는 함께해야 하는 일이 더 많았다. 그런 일상이 익숙하지 않았던 나에게는 적응하기 제일 힘든 부분이었다. 그뿐만 아니라 아침에 일어나면 10분 만에 준비해 점호에 참석해야 하고, 매주 생활관 대청소를 해야 하며, 숙소를 벗어나기만 하면 어디를 가든지 간에 일지를 작성해야 하는 등, 나의 행동 하나하나마다 책임이 따르는 현실이 갑갑했고 견디기 힘들었다. 그럼에도 생도 생활을 계속할 수 있었던 힘은 때때로 느끼던 자부심이었다. 권총 사격부터 한나예 의식, 해양·항공 간호 훈련, 합동 순항 훈련까지, 생도가 되지 않았다면 평생 경험해보지 못했을 특별한 순간들은 나를 두근거리게 했다. 정복을 입고 외출할 때도 비슷한 감정을 느꼈는데, 길을 걸어가다 보면 이름 모를 사람들이 나를 응원하며 멋지다고 말해줄 때, 음식점에 가면 나라 지키시느라 고생이 많으시다며 서비스를 줄 때, 그리고 결정적으로 실습지 환자들이 신경 써줘서 고맙다며 웃어줄 때, '아, 나는 주변 사람들에게 도움을 줄 수 있는 존재이구나' 하는 생각에 벅차오르는 기분을 느끼곤 했다.

생도 생활의 전환점, 심리학을 만나다

그러나, 그런 기억들을 떠올려도 여전히 힘들 때가 있었다. 내가 왜 힘든지, 어떻게 해야 행복해질 수 있을까 고민하던 중, 학교에서 상담 과정 인원을 선발한다는 이야기를 들었다. 이는 3년간 상담 심리학, 임상 심리학 등의 교육을 받고 임상심리사 응시 자격을 취득할 수 있는 과정이었다. 공강 시간을 포기하면서 이수해야 하다 보니 해낼 수 있을까 하는 걱정이 앞섰다. 그래도 나와 타인에 대해 깊이 이해하고 공감하는 법을 배우는 좋은 기회라는 생각이 들어 도전하게 되었다. 상담 과정을 맡으신 분은 외부 대학교 교수님이셨는데, 다정다감하시고 온화하며 심리학을 공부하신 느낌이 물씬 풍기는 분이셨다. 바쁜 일과 중에도 심리학을 배우는 시간은 늘 기다려졌다. 매년 실시하는 생도 생활 적응도 평가, MMPI 검사를 해석하는 법을 배우고 난 뒤, 나의 검사 결과를 해석하면서 내가 지금 힘들어하는 부분이 어떤 것인지, 예민하게 반응하는 부분은 무엇인지를 알아보며 나에 대해 더 잘 이해할 수 있었다. 그리고 내담자에게 어떤 방식으로 접근해야 하는지 배우면서, 다른 사람과 대화할 때 배려하는 마음으로 원활한 의사소통을 할 수 있었다. 목소리 톤도 많이 안정되었고, 비난하는 말이나 강요하는 듯한 표현을 줄이고, 상대방의 이야기에 귀를 기울이며 경청하고 공감하기 시작했다. 인간의 인지 과정에 대하여 공부를 해보니, 조금은 예민하게 반응할 만한 발언들도 무의식적으로 나왔구나, 하며 그저 듣고 넘길 수 있는 여유가 생겼다. 심리학을 배우면서 나는 점점 안정적인 사람이 되어갔다. 외부자극에 크게 동요하지 않고 나를 살피며 내 삶을 꾸려나가는 방법들을 하나둘씩 배우며 내면화하기 시작했다. 당연하게도, 처음부터 배운 내용 전부를 인생에 적용할 수는 없었다. 머리로는 이해해도 막상 그 상황이 닥치면 원래 살아오던 방식대로 반응하게 되는 경우가 많았다. 그럴 때마다 심리학을 배우면서도 그대로 하지 못하는 스스로가 참 모순적이라고 느꼈다. 시간이 지나고 보니 몸에 익히기까지는 꽤 많은 시간이 걸린다는 사실을 알게 되었다. 조급해하며 왜 안될까 고민했을 때는 불안도만 높아졌지만, 내가 느끼는 감정에 집중하고, 왜 그렇게 느꼈는지 생각해보며 천천히 받아들이는 노력을 하자, 느리지만 조금씩 성장해가는 모습이 보였다. 내가 여유로움을 느끼게 된 후로 다른 사람에 대해서도 관대함을 유지할 수 있었다. 누군가 내가 생각하는 것과 다른 의견을 제시할 때 도전받는 듯한 기분을 느낀 적이 종종 있었는데, 지금은 그것이 일리 있는 말인지 생각해보고 내가 놓친 부분이 있다는 사실을 지각하면 그들의 의견을 수용하려 노력하게 되었다. 나에게 심리학 공부는 내 마음을 들여다보고 타인을 존중하고 배려하며 좋은 관계를 맺는 계기가 되었다.

운동과 늘 함께하는 삶

　내가 만약 사관학교에 입학하지 않았다면, 매일매일 땀을 흘려가며 운동을 하지는 않았을 것이다. 원래 운동에 관심이 많고 좋아하기는 했지만, 이는 스포츠 게임에 국한된 것이었다. 나는 학교 체육 시간에 하는 피구와 배드민턴, 자율 동아리에서 하던 농구처럼 누군가와 함께하는 운동에만 매력을 느꼈다. 그런 내가 사관학교에 가기 위해 체대입시학원을 다니게 되면서 뜀걸음과 팔굽혀펴기, 윗몸일으키기를 연습하고, 입학 후에는 단체 체력단련을 하며 유산소 운동과 근력운동을 꾸준히 하게 되었다. 처음에는 재미도 없고 힘들기만 했는데, 시간이 지날수록 계단을 오를 때 느껴지는 한결 튼튼해진 다리와 가만히 있을 때도 느껴지는 제법 단단해진 팔을 보면서 왠지 뿌듯하고 더 열심히 하고 싶어졌다. 그러나 간호학과 특성상 2학년 때부터 전공과 실습이 많아지다 보니 운동에 대해 잊고 살면서 점점 체력이 나빠졌고, 3학년 말, 코로나19까지 걸리며 내 건강상태는 최악으로 치달았다. 그제서야 나는 내 상태의 심각성을 인지하고 다시 운동에 진심이 되어야겠다는 다짐을 했다. 다행히도 우리 학교는 체육시설에 대한 접근성이 높아 마음만 먹으면 언제든지 운동을 할 수 있어 큰 부담없이 시작할 수 있었다.

체력단련시간에 하는 근력운동 시간에는 몇 개라도 더 많이 하려고 하고, 뜀걸음 때는 구령을 크게 붙이며 있는 힘껏 달렸으며, 주말에는 5km 마라톤대회에 나갔다. 정말 신기하게도 일단 운동을 시작하니 걸을 때도 덜 힘들고, 전반적으로 활기차게 생활하는 등 그 결과가 눈에 보였다. 물론 여전히 오래 걸으면 힘들고, 아직 예전만큼의 달리기 속도는 안 나오지만, 지금처럼 꾸준히 운동한다면, 점차 나아지지 않을까?

5. 우당탕탕 간호 실습 이야기

📝 처음으로 주사기를 잡아 보다

처음으로 교내 간호학실습실에서 간호 술기를 연습할 때, 이론을 공부하는 것과는 달리, 술기를 눈으로 직접 보고, 술기의 전반적인 흐름을 이해하고, 그 과정을 글로 정리하여 외우고 직접 시연까지 해야 하다 보니 너무 어려웠고 익숙해지지가 않았다. 그 와중에 핵심 기본 간호 술기 시험이 예정되어 있으며, 그 배점이 상당하다는 안내를 받으니 완전 멘붕이었다. 처음으로 보는 시험은 근육주사였는데, 근육주사를 하기 위해서는 앰플을 힘주어 까고 안에 들어있는 용액을 주사기로 빨아들인 뒤 둔부 모형에 90도의 각도로 주사해야 했다. 연습 때 '물과 비누로 손위생을 시행합니다. 필요한 물품을 준비합니다. 환자의 이름과 등록번호를 확인합니다.'의 세트 문장조차 입에 붙는데 며칠이 걸렸고, 술기를 익히는 건 더 오래 걸렸다.

첫 시험이라는 부담감과 수많은 평가 항목, 직접 술기를 하면서 발생할 수 있는 변수들은 정말 감당하기 어려웠다. 대망의 첫 시험날, 너무 긴장한 나머지 앰플을 쥔 손에 힘이 들어갔고 그 순간 앰플은 파샤

샥 소리를 내며 으스러졌다. 머리속은 새하얘졌고 얼굴은 시뻘게졌다. 재빨리 다른 앰플을 깠지만, 이미 긴장에 절어버린 손은 한 번 더 깨뜨리고 말았다. 다행히 밑부분은 멀쩡해서 용액을 뽑아낼 수 있었지만, 시간이 너무 많이 지나버려 마음이 너무 급해졌다. 허겁지겁 준비해서 환자의 둔부에 주사기를 꽂자 내 새끼손가락에 알콜솜이 끼워져 있지 않은 것을 알아차렸다. 이미 주사기는 둔부에 삽입되어있어 어쩔 수 없이 주사기를 그대로 두고 알콜솜을 가지러 갔다. 그렇게 내 첫 번째 시험은 허무하게 끝나버렸다. 교수님께서는 "지금 생도가 한 행동은 둔부의 피부조직을 손상시킬 수 있는 행동입니다. 지금 눈앞의 둔부 모형은 딱딱해서 주사기가 고정되어 있지만, 실제 환자의 둔부는 훨씬 말랑말랑하기 때문에 이미 주사기가 수없이 흔들렸을거예요."라고 말씀하시며 실격처리하셨다.

　폭풍처럼 지나간 시험과 나의 처참한 점수는 정말 가관이었다. 선배님께 실격 사실을 말씀드리니 한 번 떨어지기 시작하면 계속 떨어지는 경우가 많다고 다음 시험은 확실하게 준비해서 잘 마무리하는 게 좋겠다고 조언해주셨다. 어디서부터 잘못된 건지 알 수 없는 상황이었지만 마음을 추스르고 매일매일 1시간씩 시나리오를 암기하며 정말 다 씹어먹겠다는 각오로 준비했다. 눈을 감고도 손을 움직일 수 있을 정도로 준비해가니 막상 재시험 때는 언제 그랬냐는 듯 너무나 수월하게 끝나버렸다. 얼떨떨하기도 기쁘기도 하면서 앞으로는 어떻게 준비해야할지 걱정이 되었다. 술기만 공부하는 것이 아니다 보니 재시험을 준비할 때처럼 시간을 많이 할애할 수는 없었기 때문이다. 다행히, 그 이후로 여러 번의 시험을 준비하면서 술기를 익히는 요령이 생겼다. 그 방법은 바로, 먼저 시나리오를 한 번 외우고, 실습실에서 시나리오를 조금씩 보면서 연습하고, 하는 방법이 손에 익으면 대본 없이 실습해보는 것이다. 처음부터 술기 자체를 외워서 연습하려고 하면 부담감만 커지고 중간에 까먹는 경우가 많아 다시 해야 하는 상황이 생기는데, 이렇게 시나리오를 먼저 외우고 연습하면 이전보다 적게 반복하더라도 그 이상의 효율을 뽑아낼 수 있다. 연습하다 보니 실습은 이론공부와 다르게 직접 해보며 최선의 방법을 찾아나가는 과정이 중요하다는 것을 배웠다.

우당탕탕 간호 실습생

첫 군 병원 실습은 긴장 반, 설렘 반이었다. 내가 과연 환자에게 간호를 제공할 수 있을까 걱정이 되었다. 병원에 가니 소독약 냄새가 코를 찔렀다. 병원에 대한 전체적인 OT를 받고 간호 장교님들을 졸졸 따라다니며 어떤 역할을 하시는지 보았다. 환자들에게 잘 잤는지, 밤새 상태가 변화된 점이 있는지, 통증 정도는 어떠한지 환자 차트를 보며 질문하였고, 대답을 바탕으로 간호 기록지를 작성하였다. 투약 시간에는 약제과에서 올라온 약들을 확인한 뒤 대상자의 이름과 군번을 물어본 다음 신원이 확인되면 투약하였고, 새 환자가 입원할 경우 환자에 대한 기본정보들을 사정한 후 간호기록시스템에 업로드하였다. 교과서에서만 보던 간호를 실제로 마주하니 선배님들이 정말 전문적이라고 느끼면서도 동시에 나는 말하는 감자인가 하는 생각이 들었다. 간호 장교님께서 시키셨던 바이알 항생제 믹싱, 약 분류 등을 제대로 해내지 못해 주눅 들고, 의료용 기구에 대한 질문에 대답하지 못하고. 정말 그동안 난 뭘 배운 걸까 하며 회의감에 빠졌다. 아쉬웠던 실습주간이 끝나고, 그동안 바빠서 미뤄두었던 드라마 '낭만닥터 김사부'를 몰아봤는데, 생각보다 알아듣는 의학용어가 많자, 그래도 헛살지는 않았나보다 하며 피식 웃었다. 아직 부족한 실습생이지만 시작이 반이라는 말처럼 열심히 하다 보면 조금씩 성장해 갈 거라 기대하며, 지금의 나의 모습과 비슷한 노래, '개미의 하루'를 불러 본다. 오늘도 뚠뚠, 생도는 뚠뚠, 열심히 공부를 하지 뚠뚠..

국군간호사관학교의 특별한 간호실습

간호사관학교 생도로서의 정체성은 군간호훈련이 아닐까? 3학년 말 우리는 대량전상자처치훈련을 받았다. 지진, 화재, 건물붕괴 등 많은 사람들이 있는 곳에서 발생하는 재난의 경우 수많은 사상자들이 발생할 수 있어 체계적인 관리가 필요하기에, 무분별하게 치료하는 것이 아니라 환자의 중증도를 긴급, 응급, 비응급, 지연으로 나누어 분류하고, 응급처치한 후 병원으로 이송하도록 한다. 훈련 당시 환자의 증상이 적힌 카드를 보고 실습했는데, 처음으로 해보니 어버버하다가 중증도를 잘못 분류하거나, 필요한 응급처치를 하지 못해 환자가 사망하기도 했다. 정신없이 분류하고 처치하다 보니 제한시간이 끝나버렸다. 정말 바쁘고 복잡한 과정이라, 실제로 재난이 발생했을 때 신속하게 해낼 수 있도록 반복연습이 필요할 것 같았다. 부족한 부분이 보여 속상하기는 했지만, 흔히 경험할 수 없는 특별한 순간이라 재미있기도 하고 설레기도 했다. 나도 언젠가 그런 역할을 할 수 있을까?

2001년 광주에서 태어났다. 현재 국군간호사관학교 4학년으로 재학중이다. 좌우명은 일취월장으로, 열심히 하다보면 언젠가는 잘하게 될 것이라 생각하며 사는 편이다. 일기쓰고 블로그 쓰는 것을 좋아하며, 가장 좋아하는 책은 성경책이다.

1. 노는게 제일 좋아

국군간호사관학교에 오기 전 나의 모습을 떠올리면 고등학교 3학년 때가 생각난다. 2019년 그때의 나는 공부보다 친구랑 이야기하는 것을 좋아했던 학생이었다. 다시 생각해보니 공부를 제외하면 뭐든 다 좋았던 것 같다. 고등학교 2학년부터 고등학교 3학년까지 서기를 했는데, 늘 자습시작 종이 울리고 나서 급식 메뉴를 썼다. 글씨도 또박또박 쓰면서 1분이라도 책상에서 벗어나려고 했다. 고등학교 3학년의 일주일은 다음과 같다. 평일은 1교시 시작 전 아침 자습시간부터 정규 수업, 방과후 수업, 야간자율학습까지 학교에 있었다. 토요일은 수업이 없고 자습시간만 있어서 아침자습부터 오후자습까지 학교에 있었다. 내가 다녔던 학교가 방과후 수업, 야간자율학습, 토요일 자습 참여율에 관심이 많아서 나를 포함한 대부분의 친구들이 함께 이 시간을 보냈다. 집에 있는 시간보다 학교에 있는 시간이 더 많았다. 생도생활 역시 대부분의 시간을 학교 안에서 보내기에 어쩌면 비슷하다고 볼 수도 있을 것 같다. 학교가 제2의 집처럼 느껴지고 함께하는 친구들도 점차 가족처럼 느껴지고 말이다. 고등학교 시절 중 기억나는 추억들을 몇 개 적어보겠다.

📝 나의 소확행은 친구들과의 시간

첫 번째 추억은 청소시간이다. 나는 청소시간을 좋아했는데 그 이유는 다른반이었던 친구 하늘이와 함께 쓰레기 버리러 가면서 매일 이야기를 할 수 있었기 때문이다. 하늘이와 2학년 때부터 다른반이라 아쉬웠지만 청소시간에 만나서 짧게나마 수다를 떨 수 있어서 좋았다. 같이 있으면 즐겁고 행복해서 하늘이와 대화하는 시간이 늘 기다려졌다. 그리고 청소시간은 수업이 끝난 후라서 뭔가 해방되는 느낌도 있었다.

두 번째 추억은 쪽지이다. 고등학교 3학년 때 나는 친구들에게 쪽지를 많이 적었다. 처음에는 메모지에 낙서수준의 그림을 그리는 정도였는데 어느새 짧은 편지도 적게 되었다. 지금도 나는 친구들에게 종종 편지를 쓰곤 하는데 이때부터 시작된 것일 수도 있겠다는 생각이 들었다. 쪽지를 쓰면서 같은 반이었던 유진이와 급속도로 친해지게 되었다. 서로 좋아하는 연예인도 같아서 자연스레 이야기도 많이 했다. 그리고 유진이네 동네에 내가 다니는 교회가 있어서 같이 교회도 가고 너무 좋았다.

✏️ 고등학생에서 대학생으로 한 걸음

　세 번째 추억은 자소서이다. 3년 동안 나름 성실하게 생활하고 생활기록부도 열심히 채웠다고 생각했는데 자소서를 적으려니 무엇을 적어야 할지 고민이 들었다. 나를 대학에 어필한다는 것은 생각보다 어려운 일이었다. 그렇지만 빈칸으로 제출할 수는 없기에 머리를 쥐어짜며 한줄 한줄 쓰기 시작했다. 자소서를 자소설이라고 부르기도 하는데 정말 내가 소설가가 된 느낌이었다. 자소서 쓰던 날들을 떠올리면 아직도 머리가 지끈거린다. 그때는 나뿐만 아니라 다른 친구들도 창작의 고통으로 인해 하나둘씩 좀비가 되었다. 그나마 다행인 것은 내가 간호학과만 지망했다는 것이다. 대학마다 질문이 크게 다르지 않아서 감사했다.

　네 번째 추억은 수능 이후이다. 자유인의 삶을 살았던 그때 나는 다음의 것들을 하였다. 먼저 집에서 학교까지 걸어 다녔다. 거리는 총 6km로 지금의 정규체력단련 뜀걸음 코스의 2배이다. 보통 1시간 30분 넘게 걸렸다. 근데 다른 애들도 많이 걸어다녀서 가는 길에 학교 애들을 많이 마주쳤다. 너무 오래 걷다 보니 발에 물집이 잡히거나 피가 나기도 했다. 완전군장행군 때도 발에서 피가 난 적은 없었는데 열아홉살의 나는 에너지가 가득했나 보다. 학교에서는 수업이 없어서 운동 영상 따라하기, 체스 두기, 색칠공부(번호에 색칠하기) 등을 했었다. 특히 번호에 색칠하는 그림의 경우 네명이서 함께 칠했는데 번호가 너무 많아서 하루종일 해도 별로 진도가 안나갔다.

  고등학생 시절은 힘들었지만 함께하는 친구들이 있어서 버틸 수 있었던 것 같다. 대학에 들어가야 한다는 중대한 목표가 있었기 때문에 내신, 생기부, 봉사활동 관리 등 신경 쓸 것이 많았고 하루종일 의자에 앉아있어야 했기 때문에 갑갑한 생활의 연속이었다. 그런데 생각해보면 생도생활도 그런 것 같다. 어느 때도 쉽지 않았지만 동기들과 함께였기 때문에 이겨 낼 수 있었다고 생각한다. 그렇지만 벌써 내년이면 전국으로 모두 뿔뿔이 흩어진다는 사실에 아쉬움이 크다.

2. 국군간호사관학교? 그게 뭔데?

국군간호사관학교 1차시험 원서를 넣은 계기는 담임선생님의 권유였다. 당시 나는 간호학과를 지망하고 있었기에 담임선생님께서 국간사 1차시험 보는 것은 어떠냐고 하셨다. 지금과 달리 2019년에는 사관학교 응시료가 5000원이었기에 부담 없이 그렇게 하겠다고 했다. 같은 반이었던 인하도 시험을 보기로 해서 인하 어머니께서 시험장까지 데려다 주셨다. 하지만 국군간호사관학교에 큰 관심이 없었기 때문에 1차 시험을 위한 공부는 따로 하지 않았다. 어차피 시험문제가 모의고사와 크게 다르지 않아서 평소에 하는 공부가 어느 정도 도움이 될 거라고 생각했다.

1차시험에 덜컥 합격하다

1차시험 당시의 기억을 한 번 떠올려 보면, 먼저 내가 시험을 볼 고사장으로 들어간다. 내 수험번호가 해당하는 자리에 앉는다. 근데 감독관이 모두 한 칸 옆으로 이동하라고 했다. 사실 한칸 옆으로 이동했는지 한칸 뒤로 이동했는지 아니면 둘다 였는지 확실하지 않다. 아무튼 감독관의 그 말을 듣고 나는 진짜 내가 시험을 본다는 것을 자각했다. 시험 순서는 국어, 영어, 수학이었는데 국어 시험지를 받고 보니 시험지가 작아서 신기했다. 평소에 보는 모의고사시험지는 책상을 다 덮을 정도로 컸는데 1차시험 시험지는 책상안에 공간이 남을 정도로 귀여운 크기였다. 국어시험이 끝나고 갑자기 내 앞에 사람이 나가버렸는데 시험을 포기하는 경우를 처음 봐서 놀랐다. 그리고 '포기할 거 였으면 왜 보러왔지'라는 생각이 들었다. 이어서 영어시험을 보았다. 영어 시험의 특징은 듣기 평가가 없다는 것이다. 대신 대화의 순서를 배열하는 문제들이 있었다. 시험문제를 보면서 '1차시험 준비를 좀 할 걸 그랬나'라는 생각이 잠깐 들었지만 '지금와서 그게 무슨 소용이야'라고 생각하며 문제를 풀었다. 시험시간 내내 문제를 풀었는데 막판에는 거의 기계처럼 풀었다. 그렇게 하지 않으면 시험시간 내에 못 풀 것 같았기 때문이다. 근데 결과를 보니 이 시험을 제일 잘봤다. 1개 틀려서 98점을 맞은 것이다. 그래서 영어 덕분에 1차시험에 합격한 것 같다는 생각을 하곤 한다. 영어시험 다음은 점심시간이었는데 밥 먹을 곳이 없어서 벤치에 앉아서 밥을 먹었다. 나중에 들어보니 육군사관학교 시험장에서는 중간에 핸드폰을 나눠줘서 배달음식 먹었다고 했다. 그 친구들이 부럽기도 했지만 나는 엄마가 싸준 도시락을 굉장히 배부르게 먹었기에 괜찮았다. 마지막 시간은 수학 시험이었다. 문제를 보는데 너무 어려워서 다 풀지는 못할 것 같다는 생각이 들었다. 그래서 풀 수 있는 문제는 열심히 풀고 못 풀 것 같은 문제들은 찍었고 시험 종료 20분전에 답안 작성을 완료했다. 그 때 갑자기 사이렌이 울리기 시작했다. 나는 답안 작성을 다 한 상태였기 때문에 사이렌이 울리자 시험지를 뒤집어 놓았다. 몇분 후에 고사장으로 어떤 장교님이 들어오셔서 시험지를 뒤집으라고 하셨다. 나는 책상아래로 들어가라고 말하실거라 생각해서 들어갈 뻔했다. 다행히 사이렌이 오작동한 것이었고 사이렌이 멈춘뒤, 사이렌이 울린 시간 만큼 시험 시간이 연장되었다. 그렇게 나의 국간사 1차시험은 끝이 났다.

　1차시험 합격자 발표날, 왠지 가슴이 두근거리고 긴장되기 시작했다. 관심은 없었지만 그래도 결과가 나온다고 하니 엄청 신경쓰이기 시작했던 것이다. 쉬는 시간에 선생님 컴퓨터에서 확인했는데 합격이라고 떠서 깜짝 놀랐다. 합격소식을 듣고 진학실 안의 모든 선생님들께서 축하해 주셨다. 그때의 감정은 얼떨떨하면서도 기뻤던 것 같다. 일단 다음 수업이 있어서 반으로 돌아가 수업을 들었다. 쉬는 시간에 담임선생님께서 2차시험 지원을 할 것 인지 물어보셨다. 진짜로 가고싶은 것이 아니면 하지 말라고 하셨는데, 그 말을 듣자 왠지 가고 싶다는 생각이 들어서 준비하게 되었다. 그렇게 자소서를 쓰기 시작했고 2차시험을 위한 체력 준비를 시작하였다. 체육선생님께서 열정을 가지고 체력 훈련을 도와주셨다. 등교하자 마자 뛰기 시작하고 윗몸일으키기와 팔굽혀펴기를 했다. 어느날은 뛰고 나서 속이 너무 안 좋아서 토하기도 했다. 먹은게 영양제 뿐이었는데 거기에 오메가3가 있어서 입에서 생선 비린내가 진동을 했다. 그래서 더 토할 뻔 했다. 공군사관학교 2차시험을 준비하는 친구가 있어서 같이 훈련을 받았다. 혼자였으면 지치고 힘들었을 것 같은데 의지할 수 있는 친구가 있어서 감사했다.

이렇게까지 간절할 수 있을까

대망의 2차시험날이 왔다. 감사하게도 아빠가 대전까지 데려다 주셨다. 가는 동안에는 이야기도 하고 긴장을 별로 안했던 것 같은데 국간사로 들어가는 버스를 타러 갈 때부터 긴장되기 시작했다. 2차 시험 일정이 3일정도 되어서 충현관에서 머물게 되었다. 효선실에서 mmpi를 비롯한 각종 검사를 하고, 면접을 보고, 신체검사를 하고, 체력 검정을 보고 그렇게 2차시험이 지나갔다. 면접 볼때는 너무 긴장해서 나도 모르게 눈물을 흘리고 말았다. 처음에는 분명히 관심 없었는데 어느새 이 학교가 나에게 간절해졌다는 것을 그때 느꼈다. 신체검사 후에 3분의 1정도가 재검 통보를 받았는데 다행히 나는 재검인원이 아니었다. 체력검정은 3과목 모두 만점을 받았는데, 근력은 생도회관에서 진행했고 달리기는 대연병장 도로에서 했다. 1.2km을 달려야 했는데 전력질주하니 죽을 것 같이 힘들었다. 지금은 3km을 뛰니까 1.2km는 식은죽 먹기처럼 느껴지는데 그때는 1.2km가 정말 길었다. 2차시험 중 가장 기억에 남는 메뉴는 스파게티였다. 면접 끝나고 기진맥진한 상태로 먹어서 그런지 꿀맛이었다. 모든 시험이 종료되고 집으로 돌아가는 시간, 나는 1분1초라도 빨리 가고 싶어서 제일 먼저 위병소로 가는 봉고차에 탔다. 긴장을 많이 했던 것 같은데 끝나니까 후련했다. 광주에 도착하고 난 바로 학교로 향했다. 집에서 쉴 수도 있었지만 선생님과 반친구들에게 줄 선물도 있고 수업은 못들어도 자습이라도 하고 싶어서였다. 선생님께선 그런 나를 칭찬해 주셨다. 2차시험을 봤다는 것이 꿈처럼 느껴질 정도로 나는 다시 고3생활로 돌아왔다.

3. 전교생이 함께 사는 기숙사

　기초 군사훈련 동안 나를 비롯한 64기 동기들은 충현관에서 8인 1실 생활을 하였다. 기초군사훈련이 끝나고 나서는 바로 옆 건물인 인현관으로 이사를 가게 되었는데 이게 보통 일이 아니었다. 그 이유는 충현관이 오르막길에 있었기 때문이고 나는 충현관 2층에 살았으며 인현관으로 이사가는 호실은 3층이었기 때문이다. 설상가상으로 나는 이사하는 날에 혼합중대 당직을 하게 되었다. 혼자서는 도저히 그 많은 짐을 옮길 수가 없어서 충현관 룸메이트 생도들의 도움을 받아 짐을 옮기게 되었다. 흔쾌히 도움을 준 룸메들에게 정말 고마웠다. 짐을 다 옮기기는 했으나 당직 근무를 서야 했기 때문에 정리는 하지 못했다. 하필 주말이어서 아침부터 저녁까지 근무를 해야 했다. 결국 나는 당직을 퇴근한 22시 30분에 본격적으로 이삿짐을 풀었다. 먼저 청소를 하고 침실방과 공부방과 화장실을 넘나들며 물건들을 속사포로 정리하기 시작했고 잠들기 전에 물건들을 정리할 수 있었다.

　충현관과 인현관의 다른 점은 다음과 같다. 첫 번째, 8인 1실이 아닌 3인 또는 2인 1실인 것이다. 공부방 책상이 커져서 너무 감사했다. 두 번째, 화장실이 방안에 있다는 것이다. 충현관에서는 공용화장실과 공용샤워실 밖에 없었는데 이제는 방에서 씻을 수 있다는 것에 설렜다. 세 번째, 바닥에 장판이 깔려있어서 신발을 벗고 생활할 수 있다는 것이다. 충현관은 다른 사관학교처럼 방에서 신발을 신어야 하는 구조이다. 그런데 이제는 집처럼 신발을 벗고 방바닥에도 앉을 수 있어서 좋았다.

📝 이웃집에 선배님이 살아요

먼저 혼합중대와 학년중대의 뜻은 이렇다. 혼합중대는 학년을 섞어서 만든 중대이고, 학년중대는 동기들끼리만 있는 중대이다. 현재는 1년 내내 혼합중대이고 한번 결정된 혼합중대가 모중대가 되어 졸업할 때까지 계속되지만 내가 1학년이었을 때에는 1학기만 혼합중대이고 그마저도 매년 바뀌었다. 혼합중대는 앞에서 말한 것처럼 학년이 섞여있기 때문에 앞방 또는 옆방 또는 바로 아래에 선배 생도님 방이 있을 수 있다. 그래서 3학년 때까지는 호실 편성이 나오면 근처에 있는 선배 생도님 방부터 확인을 했다. 그리고 혼합중대는 학년이 섞여있기 때문에 선후배 생도와 당직 또는 청소구역 등을 같이 하며 자연스럽게 라포를 쌓을 수 있다. 그리고 마니또 활동을 통해서 몰랐던 선후배 생도와 친해질 수 있는 시간도 있다. 그렇다면 학년 중대는 어떤 모습일까? 학년중대는 동기들과 생활하기 때문에 혼합중대 보다는 좀더 편하게 생활 할 수 있다. 대신에 선후배와의 만남이 어려워 질 수 있다. 다른 층에 살고 왕래가 없다 보니 자연스럽게 멀어지게 되는 것이다. 그렇지만 학년중대를 하면서 동기들과 함께 하는 시간이 많아져 동기들과 친해지는 시간을 많이 가질 수 있는 것은 좋은 점이다.

라인이 누구야? 대단한 사람들이지

라인은 쉽게 말해 직속 선후배를 의미한다. 매년 신입생이 들어올 때마다 2학년 생도들이 제비뽑기로 자신의 라인이 될 후배를 뽑고 그러한 과정이 반복되어 만들어진 것이 바로 라인이다. 라인과의 첫 만남은 바로 명예선서식 때인데 입학을 앞둔 예비생도가 기초군사훈련을 마치고 라인 선배생도들을 만나면서 축하받는 자리라고 할 수 있다. 내가 예비생도였을 시절 명예선서식 때 라인 생도님들이 수고했다고 하셨는데, 그 말이 너무 위로가 되어서 그만 눈물을 흘리고 말았다.

라인 제도의 장점은 선후배 간의 깊은 연결고리를 만들어 준다는 것이다. 신입생 환영회, 성년의날, 나이팅게일 선서식, 졸업식 등의 교내 행사가 있을 때 축하해 줄 수 있다. 그리고 당직, 체력측정, 시험 등을 앞두고 있을 때고 간단한 간식과 함께 응원의 말을 전할 수 있다. 생일일 때는 함께 모여 소소하게 축하를 하기도 한다. 이처럼 라인은 학교 생활 속 가족과 같은 역할을 한다. 기쁜일이 있을 때 함께 축하하며 나누고, 고민이 있을 때 조언과 위로를 받을 수 있기 때문이다. 그리고 라인미팅을 하기도 하는데, 이것은 라인이 함께 외출을 나가는 것이다. 맛있는 음식도 먹고 다같이 정복사진을 찍으며 즐거운 시간을 보낸다. 라인이 있어서 생도생활에 적응할 때 도움을 많이 받아서 개인적으로 매우 좋은 제도라고 생각한다.

생도대 다음으로 오래있는 곳, 교본부

국군간호사관학교에서 수업을 듣는 건물의 이름은 교본부이다. 교본부는 4층으로 이루어져 있는데 1학년부터 4학년까지 모두 이 한 개의 건물에서 수업을 듣는다. 1학년 때에는 인체구조와 기능 등의 전공기초 과목과 교양과목을 듣고, 학년이 올라갈수록 교양과목은 없어지고 전공과목들로 가득찬 시간표로 수업을 듣게 된다. 여러 과목의 수업을 듣기에 다양한 교수님을 만나게 되는데 대부분 우리 학교 출신의 선배님들이다. 앞에서 말했던 라인 이야기를 여기서 잠깐 하자면 라인은 계속 이어지기 때문에 어떤 생도는 어떤 교수님과 라인일 수 있는 것이다. 그렇게 생각하니 신기했다.

여러 교수님 중 내게 가장 인상이 깊은 교수님은 정은영 교수님인데 그 이유는 나의 지도교수님이셨기 때문이다. 생도들과 교수님과의 만남의 시간에 교수님께서 개인면담을 진행하겠다고 하셨다. 훈육요원 개인면담은 해봤지만 교수님 개인면담은 해본적이 없어서 긴장이 되었지만 실제로 면담을 하니 너무 좋았다. 수업 때 모습과는 또다른 모습의 교수님을 알 수 있었다. 그리고 나의 이야기를 경청해주시고 내가 걱정하는 부분에 대해서 잘 할 수 있다고 응원해 주셔서 감사했다. 3학년 때 교수님과의 개인 면담 이후 나는 그동안 한번도 해보지 않은 지휘근무에 도전하였다. 결과적으로 4학년 1학기 때 혼합중대 정보참모와 학년중대 분대장을 2학기 때 혼합중대 분대장과 학년중대 소대장을 하게 되었다. 훗날 교수님처럼 나도 누군가에게 도전할 수 있는 용기를 주는 사람이 되고 싶다는 생각을 했다.

4. 이 또한 지나가리

📝 모든게 낯선 예비생도

　기초군사훈련은 국군간호사관학교에 들어간 후 가장 첫 번째로 하게 되는 활동이다. 민간인 고등학생이었던 우리를 여엿한 생도로 만들기 위해 4주간의 훈련을 받는 것이다. 이때 나는 예비생도 손!수!정! 이었다. 국군간호사관학교에 들어가기 전에 한 선생님께서 그곳은 대학이기 전에 군대이니 마음을 단단히 먹으라고 하셨다. 그래서 나는 어떠한 상황에서도 포기하지 않겠다는 굳은 각오를 다졌다. 기초군사훈련을 들어가기 위해 대전으로 가는 도중 전화가 왔다. 가톨릭대학교 간호학과 학생회 사람이었는데 내가 예치금을 안 뺀 상태여서 입학한다고 생각하고 연락이 온 것이었다. 그때 만약 마음을 바꾸었다면 지금의 모습이 아닌 일반 대학생으로 살아가고 있을 텐데, 생도가 아닌 나의 모습은 상상하기 어려웠다. 아마 다시 돌아가도 난 국간사를 올 것 같다.

　기초군사훈련은 백합관에서 부모님과 마지막 인사를 하고 충현관으로 가는 것으로 시작된다. 단체생활은 한번도 해본적이 없는 내가 8인 1실을 쓰고, 다나까로 말을 해야 하며, 모든 대답은 목소리가 터질 정도로 해야하고, 정해진 시간에 잠을 자고 일어나는 등의 생활을 하면서 점차 이곳의 생활에 익숙해져 갔다. 그때 가장 무서웠던 것은 지도생도님들이었다. 호랑이도 저리가라 할 정도의 날카롭고 매서운 눈빛으로 내가 잘하는지 집중하고 있는지 관찰하는 느낌이 들어서 매일이 긴장의 연속이었다. 괜히 잘못한 것도 없는데 잘못한 것 같은 기분도 많이 느꼈다. 늘 하이바를 쓰고 있던 지도생도님들이 훈련이 거의 종료될 쯤에 하이바를 벗고 나타나는 순간이 있는데 내 상상과는 다른 사람들의 모습이어서 당황스러웠다. 지금도 지도생도님이었던 간호장교님들을 보면 움찔 거릴 때가 있다. 기초군사훈련은 고난의 연속이었지만 동기들이 있어서 견딜 수 있었다. 나 혼자 하는 것이 아니라 함께 하는 것이기에 해낼 수 있었다. 우리 기수의 모토는 '안되면 되게하라 64기 파이팅'인데, 잠꼬대로 저 말을 할 정도로 기초군사훈련 때 많이 말했던 것 같다.

1학년의 시계는 느리게 흐른다

입학을 하면 끝인 줄 알았는데 시작이었다. 1학년은 생도대에서 가장 서열이 낮기에 늘 경례를 해야한다는 부담감이 있었다. 상급자인지를 제대로 하지 않으면 선배생도님에게 교육을 받기 때문이었다. 방 밖을 나갈 때는 문에 귀를 대고 밖에 사람이 있는지 없는지 확인을 하기도 했다. 늘 신경이 곤두서 있어서 스트레스를 많이 받았다.그런데 63기 라인 생도님을 보면 힘이 났다. 교본부나 인현관에서 우연히 만날 때 그렇게 좋을 수가 없었다. 자주 만나지는 않더라도 나의 고민이나 질문을 잘 받아주셔서 그랬던 것 같다.

✏️ 선배이지만 저학년입니다

후배인 65기가 들어왔기에 모범을 보여야 한다는 말은 귀에 못이 박히도록 들었다. 그러나 나도 저학년이라 그리 편한 삶도 아니었다. 오히려 전공과목을 하나둘씩 배우기 시작하면서 생도생활에 더해 학과까지 정신없는 생활이 시작되었다. 그래도 나는 63기 라인생도님이 나에게 힘이 되었던 것처럼 나도 65기 라인에게 힘을 되고 싶어서 한 번씩 응원의 메시지를 보냈다. 서로 응원하다보니 나도 라인후배에게 힘을 받았던 것 같다.

✏️ 나는 간호와 맞는 사람일까

3학년의 시간표는 더블강의로 정리 할 수 있다. 월요일과 화요일에 들었던 과목을 목요일과 금요일에도 듣기 때문다. 그래서 3월 말에 중간고사를 보고 4월 말에 기말고사를 본다. 그 이후에는 훈련을 받고 수도권 실습을 떠나게 된다. 수도권 실습은 1,2학기 둘다 6주 동안 한다. 실습 병원은 국군수도병원, 중앙보훈병원, 국립중앙의료원 등의 여러 병원으로 가게 되는데, 실습과목마다 2주씩 실습을 하게 된다. 9시간 동안 병원에 있으면서 드는 생각은 '실습 1000시간을 어떻게 채울 수 있을까?'였다. 실습이 끝난 후에는 체력단련시간이 있었고, 저녁에는 케이스 스터디, EBP, 실습일지 등 실습과제를 하며 하루를 보냈다. 그렇게 하루하루가 지나 주말이 되면 동기 또는 서울에 있는 친구들과 만났다. 평일은 실습으로 꽉찬 하루를 보내며 정신없이 살지만 주말에는 환기를 할 수 있어서 감사했다.

전설로 남을 간호연구

4학년 때에는 간호연구라는 수업을 듣게 되는데 이 과목은 5~6명씩 한 조를 이루어서 주제를 정해 논문을 쓰는 과목이다. 그리고 다른 과목도 간호연구 조로 과제를 하는 경우가 많아서 1학기를 간호연구 조원들과 함께하였다. 그런데 문제는 조별과제가 너무 많다는 것이다. 개인 과제면 나 혼자서 책임지면 되는데 조별과제의 경우 내가 약속한 시간에 과제를 하지 않으면 다른 조원에게 피해가 갈 수 있어서 과제 제출 날짜를 달력에 표시하고, 카카오톡에 일정 공유를 하며 제출기한 안에 과제를 무사히 할 수 있도록 노력했다. 조별 과제 중에서 가장 기억에 남는 것은 간호연구이다. 일단 어떠한 주제로 연구를 진행할지 조원들끼리 토의를 하고 정한 주제를 교수님께 검사 받는다. 연구주제가 통과되면 우리 조에서 진행할 연구의 선행연구들과 관련 논문들을 찾는다. 그리고 설문지에 쓰일 연구도구도 찾는다. 연구의 필요성을 작성할 때 정말 머리가 아팠다. 수정을 몇 번 했는지 기억이 안날 정도로 많이 했던 것 같다. 그래도 조장이었던 현민이를 비롯해서 성실하게 참여해준 조원들이 있어서 서로 다독이면서 무사히 연구의 필요성을 마무리 지을 수 있었다. 설문결과를 SPSS를 통해 볼 때 나는 통계 부분이 잘 이해가 가지 않아서 어려웠는데 주도해서 하는 조원이 있어서 고마웠다. 그렇게 연구 결과와 논의, 결론도 무사히 작성하고 몇 번의 피드백을 거친 뒤 최종 제출까지 완료했다. 과정은 쉽지는 않았으나 결국은 해냈다는 것이 큰 기쁨으로 다가왔다.

5. 내가 힐링하는 방법

늘 가도 새로운 PX

국군간호사관학교 옆에는 국군의무학교가 있다. 우리는 의무학교 피엑스를 이용하고 있는데, 그 이유는 생도대 지하에 있던 피엑스가 판매율 저조로 인해 사라졌기 때문이다. 피엑스는 언제나 가도 새롭다. 상품의 배열이 똑같지만 아이쇼핑을 하는 것만으로 즐거워진다. 피엑스에서 내가 좋아하는 상품은 바로 멸치 쌀국수이다. 나는 컵라면 중에서 쌀국수를 가장 좋아한다. 증식으로 나온 쌀국수 먹으면서 쌀국수 컵라면의 세계에 빠지게 되었다. 뜨거운 물을 넣고 5분이 지나면 내가 딱 좋아하는 상태의 쌀국수가 완성된다. 종류는 피엑스에서 파는 것은 얼큰 쌀국수, 멸치 쌀국수 두 개이나, 증식으로 나올 때는 사골 쌀국수, 김치 쌀국수가 나오기도 한다. 그 외에도 아이스크림, 과자, 음료수, 냉동식품 등 다양한 먹거리를 저렴한 가격에 살 수 있어서 감사하다. 샴푸, 바디워시, 폼클렌징, 선크림, 수분크림 등 생필품도 주로 PX에서 사는 편이라 자주 이용하게 되는 것 같다.

✏️ 오늘은 무슨 메뉴가 나올까

국군간호사관학교는 평일은 의무식수, 주말은 신청자만 식수를 먹고 있다. 그래서 보통 다같이 먹는 평일의 식단을 각 혼합중대 군수참모보좌관 생도가 매일 전달사항 방에 올린다. 그 중에서도 인상깊었던 식단들을 소개해보고자 한다. 첫째, 라멘이다. 라멘은 작년에 육군사관학교에서 지내면서 수도권 실습을 할 때 처음 먹었는데 너무 맛있어서 국간사로 돌아온 이후에도 때때로 먹고싶다는 생각을 하였다. 그런데 어느날 우리 식단에도 라멘이 나오게 되었다. 과연 육사에서 먹었던 그맛일까 기대하며 먹었는데, 다행히 그맛 그대로였다. 학교에서도 이제 라멘을 먹을 수 있다는 생각에 너무나도 기뻤다. 둘째, 수육이다. 부드러운 수육을 상추에 싸먹기만 해도 이미 황홀하지만, 여기에 콩나물파절이 또는 양파장아찌 등이 함께 한다면 금상첨화이다. 자칫 느끼할 수 있는 고기의 맛을 파절이와 장아찌가 잡아줌으로써 재료 각각의 매력을 즐기며 맛있는 식사를 할 수 있다. 셋째, 분식이다. 종종 분식이 나올 때가 있는데 그때 메뉴 구성은 다음과 같다. 먼저 떡볶이이다. 달고마 떡볶이, 까르보 떡볶이 등 다양한 종류의 떡볶이가 있는데 나는 개인적으로 달고마 떡볶이를 좋아한다. 다음은 꼬지어묵탕이다. 1인당 2개씩 꼬지어묵을 먹을수 있는데 국물과의 조화가 아주 일품이다. 마지막으로 떡볶이에 빠질 수 없는 김말이다. 혼자 나오면 심심하지만 떡볶이와 함께 먹을 때의 그 맛은 고개를 끄덕이게 만든다.

📝 군교회에서 신앙생활

나는 크리스천이다. 현재 많은 생도들이 일과후에 자기계발 외출을 하고 있지만 나는 화요일과 목요일에 종교활동을 하고 있다. 화요일에는 국군대전병원 옆에 있는 국군믿음교회에서 예배를 드리고 있고, 목요일에는 학술정보관에서 믿음교회 목사님과 장로님, 집사님, 동기들과 함께 성경공부를 하고 있다. 코로나로 인해서 2020년과 2021년에는 종교활동에 제한이 많았는데 이제는 규제가 완화되어서 열심히 신앙생활을 하려고 노력중이다.

성경공부는 올해 3월에 시작되었는데, 시간 관계상 많은 내용을 배우는 것이 어려워서 목사님께서 에베소서를 배우는 것으로 결정하셨다. 성경공부진행은 다음과 같다. 성경과 관련 성경구절을 읽으면서 나에게 인상깊었던 내용과 그 이유를 적고 나중에 그것을 나누는 시간을 가진다. 얼마나 집중해서 하는지 시간가는 줄 모르고 늘 점호전까지 성경공부를 하게 된다. 화요예배와 목요성경공부는 나에게 힘을 주고 위로가 되는 시간이다. 그 시간에 내가 느끼고 배운 것을 일상에 적용하면서 하나님을 닮아가는 삶을 살려고 노력하고 있다.

✏️ 수요일은 특별해

　수요일 7,8교시에 우리는 특별활동을 한다. 종류는 밴드부, 응원부, 합창부, 연극부, 미술부, 캘리그라피부, 사진부 등 다양하다. 나는 3년 동안 캘리그라피부였는데 올해 미술부를 하게 되었다. 그 이유는 내가 그리고 싶은 그림을 자유롭게 그려보고 싶었기 때문이다. 캘리그라피부는 3년을 하였지만 실력이 제자리걸음이라 흥미를 잃어가고 있었다. 미술부에서 내가 그린 그림은 총 3점인데 첫 번째는 토토로이다. 큰 토토로와 작은 토토로가 길을 가고 있는 모습을 망원경으로 보고 있는 모습을 그렸다. 미술부에서 그리는 첫 그림이라서 긴장을 많이 했지만 강사님의 적절한 코칭으로 무사히 마무리 할 수 있었다. 두 번째는 뽀로로에 나오는 루피이다. 루피를 그리게 된 이유는 현재 나의 룸메인 승아가 루피를 닮았기 때문이다. 완성하고 나서 미술부의 동기들이 칭찬해 줘서 기뻤던 작품이다. 세 번째는 내 친구 하늘이이다. 강사님께서 캐릭터도 좋지만 인물을 그려보는 것은 어떻냐고 하셔서 그리게 되었다. 캐릭터에 비해서 어렵지만 여러 가지를 시도해 보며 성장하는 중이다.

✏️ 층마다 헬스장이 있다니

올해부터 인현관 리모델링이 진행되어 현재 2개의 동이 공사를 마친 상태이다. 공사 이후 층마다 체력단련실이 생기게 되었는데 생도대 내부에 운동할 수 있는 공간이 많아져서 감사했다. 런닝머신도 4대나 있고 각종 근력 기구가 있어서 미니 헬스장 느낌이다. 나는 원래 홈트와 런닝머신만 하는데, 룸메의 추천으로 힙 어브덕션을 사용하게 되었다. 기구 하나로 두가지 운동을 할 수 있어서 매력적이었다. 기구를 사용하니 운동을 제대로 하는 느낌이 들어 좋았다. 국간사에 들어오지 않았다면 나는 운동에 전혀 관심을 가지지 않았을지도 모른다. 이렇게 운동하기 좋은 환경에 있음에 감사한다.

도전을 즐기는 20대. 한민고등학교를 졸업하고 국군간호사관학교에 입학해 생도 4학년으로 재학 중이다. 좋아하는 것은 음악 감상, 여유로운 삶을 즐기는 어른을 동경하고 바란다. 그럼에도 불구하고 새로운 도전들로 채워 넣은 삶은 여유롭지 못하다. 어딘가 쫓기는 듯한 텐션으로 살아가는 중. 이 책도 그 도전의 일환으로 시작되었다.

1. 군인이 되고 싶었던 이유

어릴 적 나를 되돌아보면, 하고싶은 게 정말 많았던 아이라는 생각이 든다. 당시 내 진로에 가장 큰 영향을 미친 건 민망하지만 보통 드라마 주인공들의 모습이었는데, 드라마를 보며 검사나 의사를 꿈꾸기도 하고, 어떨 땐 가수가 되고 싶다고 했으며, 때론 기업의 임원이나 학교 교사가 되고 싶다고 하기도 했다. 그렇게 꿈 많던 나는 고등학교에 입학하고 나서부터 그동안 꿔왔던 꿈과는 사뭇 다른 꿈을 꾸게 된다. 내가 다니던 고등학교는 군인 자녀가 70%, 경기권 거주 일반자녀가 30%를 차지하는 군 자녀를 위한 기숙형 일반 사립고등학교였는데, 그래서인지 외출이나 귀가를 하는 날이면 군인(보통 친구들의 부모님)을 마주할 기회가 많았다. 볼 때마다 느꼈지만 중후한 나이에도 정제된 자세와 카리스마 있는 모습은 내 꿈을 자극하기에 충분했다. '나도 저런 사람이 되어야지!' 아마 그때부터였을까? 고등학교 1학년, 나는 인생에서 한 번도 생각해보지 않았던 장교라는 꿈을 꾸게 된다. 면접과 체력평가를 보고 J-ROTC(학교에서 운영하는 리더십 관련 동아리 부서)에 입단해 방학 때 국토순례 프로그램에 참가하기도 하고, 축소판 유격도 체험해보기도 했다. 사관학교에 입학한 선배들의 학교 방문이 있을 때면

빠짐없이 참여해 궁금한 점들도 질의해보고 정복을 입은 선배들의 모습을 마음에 담아두며 꿈을 키워나갔다.

고등학교 1학년 때부터 사관학교를 꿈꾸던 내 기대와는 달리 처참하게 망쳐버린 첫 수능 성적표는 충격 그 자체였다. 3년간의 노력이 물거품이 되었다는 생각에 큰 허탈감을 느꼈던 나는 좌절감을 맛본 탓인지 부정적인 생각에 잠식되었고, 결국 한때 모든 꿈을 다 접어버리기도 했다.

수능이 끝나고 언제부터인가 목표를 잃은 채 방황하며 맞이한 스무 살은 상상했던 것처럼 아름답지 않았다. 부모님의 걱정어린 시선을 뒤로한 채 혼자 학원 조교, 카페, 빵집 아르바이트 등등 여러 가지 아르바이트들을 하며 '나 이렇게 살아도 잘 지낼 수 있겠는데?' 하는 얄팍하고 어리석은 생각을 잠시 하기도 했다. 하지만 몇 개월 지나지 않아 친구들이 모두 대학교 시험기간이 되자, 문득 나만 제자리를 찾지 못했다는 생각이 물밀 듯이 밀려왔다. 벚꽃이 만개하던 4월의 어느 저녁, 늘 하던 퇴근길 발걸음이 유난히 무겁던 날이었다. 집에 들어가자 부모님께서 진지한 분위기 속에서 나를 부르셨다. "딸, 언제까지 그렇게 지낼 거니? 1년만 더 해봐. 네가 학교 다닐 때 노력했던 게 너무 아깝잖아. 엄마 아빠가 도와줄게."

올 게 왔다는 기분이었지만 좌절감 때문인지 마냥 설레지도, 기대되지도 않았다. 그럼에도 불구하고 심장이 콩콩 뛰는 걸 느꼈다. 나보다 먼저 내 미래를 걱정해주시는 부모님이 계셔서 다행이라는, 그리고 딸의 불안정한 모습에도 묵묵히 믿고 기다려주시다 어렵게 꺼내셨을 그 한 마디가 참 감사하다는 생각이 많이 들었다. 어쩌면 이 순간을 기다렸던 걸지도 모른다. 사관학교 1차 시험은 7월 말인데, 4월 중순. 약 100일의 시간을 남겨두고 그렇게 내 두 번째 입시가 시작되었다.

왜 여길 택한 거야?

사실 그때를 떠올려보면 또 망쳐버릴지 모르는 수능을 계속해서 준비해야 한다는 부담감이 나를 많이 짓눌렀던 것 같다. 그래도 부모님이 주신 용기 덕분에 재수를 시작할 수 있었고, 재수하면서는 진로 선택을 좀 더 폭넓게, 그리고 진지하게 해보자는 생각이 들었다. 아무래도 남들보다 1년 늦게 시작하는 건데, 좀 더 숙고해서 선택해야겠다는 생각이었을 것이다. 나는 어릴 적부터 막연하게나마 사회에 공헌하는 직업을 가지고 싶다는 생각이 있었는데, 고등학교 1학년 때부터 희망하던 해군 장교 대신 군인임에도 불구하고 간호사를 할 수 있다는 것을 큰 매력으로 느껴 국군간호사관학교를 준비하게 되었다. 성비로 따지자면 남자가 압도적으로 많은 군이라는 집단에서, 유일무이하게 여생도가 많은 학교인 것도 여학생인 나에게는 큰 장점으로 느껴졌다.

시작은 미약하나 끝은 창대하리라

　독학 재수를 하던 준비과정은 외롭지만 즐거웠고, 뿌듯했으며 모든 과정이 너무 당연했다. 그저 아르바이트를 하고 돈 벌면서 하고 싶은 걸 하고, 먹고 싶은 걸 먹는 삶보다 구체적인 목표를 위해 치열하게 사는 하루가 나에겐 더 가치 있었고, 그래서인지 오랜만에 즐거움을 느낄 수 있었다. 늦게 시작했다는 조급함도 있었지만, 이번엔 절대 떨어지지 않겠다는 굳은 다짐 덕분인지 잠도 잘 오지 않았던 3개월을 보내면서 남들과의 거리를 좁힐 수 있었다. 약 3개월 준비해서 본 1차 시험의 결과는 합격이었고, 나는 이 기회를 절대 놓치지 말아야겠단 생각이 들었다.

　그렇게 바로 2차 시험을 준비하게 되었다. 2차 시험을 준비할 때는 면접이 난관이었다. 하고 싶은 말들이 머리에선 자유롭게 맴도는데, 왜 입에선 줄줄 출력하지 못하는 걸까? 나는 이때 '마인드 컨트롤'이 정말 중요하다는 걸 느꼈다. '내 앞에 있는 사람이 면접관 혹은 선생님이다.' 생각할 땐 제대로 대답하기 어려웠는데, 친구 엄마, 아빠라고 생각하니 질문에 대한 대답이 자기소개하듯 가볍게 술술 나왔던 것이다.

　1차 시험 합격 이후로 꾸준히 연습한 덕에 체력 평가도 잘 볼 수 있었고, 면접도 마인드 컨트롤 덕분에 잘 마칠 수 있었다. 대망의 2019년 10월 15일, 그렇게 나는 학교장 추천 우선선발 전형으로 이 학교에 합격하게 된다. 우여곡절 끝에 이 학교에 도전했던 내겐 너무 값지고 뿌듯한 결과였다.

✏️ 인간관계 2:7:1의 법칙

조금 뜬금없는 전개지만, 소개하고 싶은 말이 있다. 가마다 하로키 교수가 저서에 소개한 '인간관계 2:7:1의 법칙'이다. 요약하자면, 내 주변에 10명의 사람이 있다고 할 때 2명은 날 좋아하는 사람이고, 7명은 나에게 무관심한 보통 사람이고, 나머지 1명은 날 싫어하는 사람이라는 것이다.

처음 내가 이 말을 들었던 때는 친구와의 관계로 고민이 많던 중학교 학창시절이었는데, 머리를 마치 한 대 얻어맞은 것 같았다. 당연히 모두가 날 좋아할 수만은 없는 일인데, 왜 나는 나를 좋아하지 않는 그 한 명에만 몰두했던 걸까? 날 좋아하는 두 명의 사람도 있는데.

이 학교를 준비하는 과정에서도 그랬다. 누군가는 나를 온전히 응원해주는가 하면, 누군가는 '넌 여자애가 거길 왜 가려고 해?' 혹은 '군인은 연줄이 있어야 오래 할 수 있는거야. 다시 생각해봐'라며 탐탁지 않게 생각하기도 했다. 겉으로는 '그런 학교 가면 네가 너무 힘들지 않겠어?'라고 말하지만, 다시 생각해보면 당시 이 학교를 간절한 마음으로 준비하던 내게는 아무런 도움이 되지 않는 걱정일 뿐이었다.

물론 경청의 자세는 중요하고, 내 의견과 다른 의견을 포용하며 들는 것도 중요하다는 걸 잘 알고 있다. 하지만, 나에게 도움이 되지 않는 말까지 귀담아들을 필요는 없다. 나를 온전히 응원해주는 사람들은 내 선택이 어떤 결과를 가져오든 그저 내 선택을 존중해준다.

입시도 비슷하다. 독학 재수를 하는 나는 오롯이 내 결정을 바탕으로 입시를 준비할 수밖에 없었는데, 그때 당시엔 불확실했던 모든 순간들에도 나를 믿고 하나씩 준비해왔고, 결과는 성공적이었다. (이를테면 바쁜 5월에 한국사능력검정시험을 준비한다던가, 9월에 수능 준비랑 2차시험 준비를 병행한다던가 하는 것-독학재수학원 원장님이 굉장히 염려하셨던 부분이다.)

만약 누군가 이런 일들로 고민을 하고 있다면, 내 선택을 존중해주는 내 사람들의 이야기를 귀담아들어 보자. 안 그래도 홀로 살아가기 벅찬 삶인데, 삭막한 의견까지 담아내기엔 따뜻한 조언을 담을 공간도 부족하다.

2. 국군간호사관학교에 첫 발을 내딛다

내가 국군간호사관학교를 처음 방문했던 것은 2차 시험 때였다. 아직도 학교 전용 버스로 위병소 문을 통과해 충현관 건물 앞에서 내렸던 그때의 기억이 선하다. '爲國獻身 軍人本分', 내가 2박 3일간 머물러야 했던 충현관 초입에는 이 글이 새겨져 있는 비석이 있다. 학창시절을 보내면서는 접하기 쉽지 않아서인지, 처음 이 글을 봤을 땐 이런 마음가짐을 항상 지녀야 한다는 생각에 심장이 두근거렸다.

아직도 면접을 떠올리면 기억에 남는 일화가 하나 있는데, 국군간호사관학교는 분과별로 3개의 면접을 본다. (지금은 AI 면접이 도입되어 내가 했던 면접 방식과 다를 수 있다.) 첫 번째와 두 번째 분과에서는 긴장한 탓에 마지막에 하고 싶은 말 있는지 물으시면 '꼭 합격하고 싶습니다!'라는 말만 했는데, 마지막 분과에서는 어디서 나온 자신감이었는지 '궁금한 점 있으면 물어보세요'라는 말에 '혹시 제 첫인상이 어떠신지 궁금합니다!'라며 패기 넘치는 질문을 했던 것이다. 지금은 상상도 못할 일이지만, 당시엔 내가 어떻게 평가받고 있을지 궁금함과 간절함이 뒤섞인 당돌한 질문이었던 것 같다. 무탈하게 떨리는 2차 시험을 마치고 합격이라는 두 글자를 마주했을 땐 정말 뛸 듯이 기뻤다. 드디어 나도 대학생이 되었다는 그저 안일한 마음이 아니라 내가 정말 하고 싶은 일을 할 수 있는 그런 가치 있는 대학교에 입학할 수 있다는 게 설렜다. 꿈을 성취한다는 것은 내 가치관을 이룰 수 있는 직업을 얻는 것이라는 걸 이때 깨달을 수 있었다. 그렇게 난 꿈을 다 이룬 줄로만 알았다.

난관의 시작

춥고 또 추웠던 1월 말, 나는 '64기'라는 새로운 이름으로 기초군사훈련(이하 가입교)을 시작하게 된다. 가입교는 입교 전 처음으로 군 생활을 체득하는 기간이며, 말 그대로 기본적인 군사훈련을 받는 기간이다. 이 기간은 첫 군인화 과정이기 때문에 훈련을 포함한 모든 생활에서 지도생도 혹은 훈육요원의 통제 아래 군의 문화를 체득해야 한다. 내가 가입교 때 가장 힘들었던 것 중 하나는 목소리를 크게 내는 것이었다. 정말 소리를 바락바락 지른다고 할 수 있을 정도로 가장 큰 목소리를 내는 기간인데, 실제로 목을 많이 썼더니 성대결절 위기에 처해 '발성제한' 딱지를 붙이고 있는 예비생도가 되기도 했다. 두 번째로 힘들었던 것은 식사시간 통제였다. 밥을 하루에 세 끼, 정해진 시간에 5~7분내로 식사를 마쳤어야 했다. 적은 양을 빨리 먹으면 괜찮았을까? 정량식사가 원칙이었는데 정량이 생각보다 많아서 우유랑 밥을 함께 삼키거나, 대충 씹고 넘기는 일이 허다했다. (밥을 조금 덜 받으면 지도생도님이 더 받아서 정량배식하라고 하신다.) 이 외에도 처음보는 군장류를 빠르게 준비하는 것, 시간 내에 집합하는 것, 모포랑 포단을 각 맞춰 접는 것, 전투복을 빠르게 환복하는 것 등 지금 생각해보면 너무 당연한 것들이고 빠르게 할 수 있는 것들이 그때 당시엔 너무 어렵고 복잡하게만 느껴져 시간이 오래 걸렸다. 해야 할 것들을 제한시간 내에 하지 못하면 일정에 차질이 생기고 그 책임으로 얼차려를 받았는데, 얼차려를 받을 때마다 추운 날씨가 무색해질 정도로 얼굴에는 땀이 송글송글 맺혔다. 정말 추운 겨울이었는데, 뜨거운 열기가 가득했던 겨울이기도 했다. 벌써 3년도 더 지난 일인데 밤낮없이 '동기야, 사랑한다!'를 외치며 얼차려를 받았던 그때가 종종 떠오르곤 한다. 난관의 시작이었다.

📝 안 되면, 되게 하라! 64기, 파이팅!

힘든 순간들이 정말 많았음에도 내가 기초군사훈련을 수료할 수 있었던 것은 혼자가 아니었기 때문이라고 자신있게 말할 수 있다. 처음 입교해서부터 지도생도님들은 '동기애'를 정말 강조하셨는데, 처음엔 동기애가 뭔지 잘 몰랐다. 그럴 법도 한 게, 서로 다른 환경에서 20년을 자라온 90명이 어떻게 하루 아침에 손발이 척척 맞을 수 있을까? 그런데 여러 훈련을 받다보니 동기애가 저절로 샘솟는다는 걸 느낄 수 있었다. 단체 뜀걸음을 하다가 낙오할 것 같을 때도 내 양 옆에 있는 동기들이 손을 잡아주고 끌어주며 열외하지 않게 도와주고, 무언가를 빠트렸을 때에도 동기들과 다함께 도와가며 챙길 수 있었다. 얼차려를 받다가 힘들어서 더 이상 못할 것 같다고 생각할 때도 옆에서 눈을 질끈 감고 버티는 동기들이 있었기에 포기하지 않았고, 무사히 수료할 수 있었다.

우리 학교는 입교를 앞두고 '백합의식'이라는 전통적인 의식을 한다. 백합의식을 하는 날에는 혼이 빠진다고 표현할 수 있을 정도로 많은 훈련과 얼차려를 받게 되는데, 어둠 속에서 평소보다 강도 높은 훈련에 모두가 악에 받쳐 소리를 지르고 눈물을 흘리며 한 걸음씩 나아간다. 중간에 지쳐 쓰러질 것 같은 동기가 있으면 어떻게든 같이 가려고 하고, 모두가 포기하지 않고 끝까지 갈 수 있도록 다 함께 힘을 합친다. 그렇게 모두가 같은 목표를 향해 힘겹게 나아가던 매 순간은 '소속감'을 느끼기에 충분했던 시간이었다. 매일 같이 자고, 일어나고, 함께 밥을 먹고, 혼나고, 훈련하고, 서로 챙겨주고 울고 웃으며 우린 그렇게 하나가 되어갔다. '안 되면 되게하라, 64기 파이팅!'을 다 같이 수백, 수천 번쯤 외쳤을까? 한여울 64기는 91명이 다같이 당당한 모습으로 무사입학 할 수 있었다.

📝 하고싶은 것을 하려면

가입교와 입학식을 마치고 예비생도가 아닌 사관생도로 첫 시작을 맞이한 나는 무엇부터 해야할지 고민하다가, 버킷리스트를 써보기로 다짐했다. 그때의 다짐은 1년짜리도 있었고, 4년짜리도 있었고, 당장

일주일 내에 할 수 있는 것들도 있었다. 그렇게 목표를 하나씩 정하고 생활하다보니 목표에 한 걸음씩 다가갈 수 있었다.

　당시 나는 입학식 때 기자생도 완장을 차고 우리의 모습을 촬영해 주시던 선배생도의 모습이 마치 진짜 기자처럼 느껴져 멋있다는 생각이 들었다. 그래서 특별활동 편집국에 들어갔고, 사진광고부에 속해 약 3년 동안 학교 행사 사진을 촬영하는 생도가 되었다. 또, 교본부 화장실에 게시되어있던 홍보부 안내문을 보며 '학교의 다양한 부분을 소개하고 알려서 우리 학교를 모르는 사람이 없게 하면 어떨까?' 하는 귀여운 다짐을 하기도 했었다. 결국 높은 경쟁률을 뚫고 선발되어 지금껏 열심히 여러 가지 입시 설명회에 참여해오고 있다.

　이런 경험을 통해 나는 '시작'이란 그저 시간이 지난다고 할 수 있는 것이 아니라, 자신이 직접 마음을 먹고 다짐한 후 실천을 해야 비로소 시작된다는 생각이 들었다. 만약 내가 마음으로 하고싶다고 생각만 하고 아무것도 지원하지 않아서 편집국이나 홍보부에 속하지 못했더라면 누군가가 대신 그 역할을 하고 있는 모습을 보며 후회하고 있지 않았을까? 모든 일에는 시작과 끝이 있는데, 누군가는 끝이 중요하다고 한다. 하지만 내 생각은 조금 다르다. 시작도 안 하고 끝을 논할 수 없기 때문이다. 어떤 일에 대해 '할까, 말까?' 고민이 될 땐 한 번도 전해보는 것은 어떨까? 생각하지 못했던 일들을 통해 한 뼘 성장할 수 있는 계기가 될 수도 있으니.

3. 시작이 반이라길래,
시작만 하면 되는 줄 알았지

무엇이든 처음 맞이하는 일은 벅차고 설레기 마련이다. 내겐 대학교 입학이 그런 일 중 하나였다. 재수 끝에 마주한 종착지이자, 새로운 출발지이기도 했으며 아직 내가 밟아보지 못한 미지의 세계이기도 했다. '앞으로의 4년은 어떤 일들로 꾸려져 나갈까?', '올해의 목표는 이거다!' 하며 설레는 상상도 해보고, 기대에 부푼 채 마주한 학교는 내 상상과는 조금 달랐다.

'간호장교'라는 직업을 택했을 때부터 내 삶은 남들과는 조금 다를 수 있겠거니 각오는 했었다. 오히려 이 길을 걸을 수 있음에 감사한 마음을 가지고 임하자는 다짐을 더 많이 했다. 그러나 예상치 못하게 닥쳤던 코로나-19의 여파는 절망적이기 짝이 없었다. (사실 절망적이라는 말로 다 표현할 수 없을만큼, 눈에 보이지도 않는 바이러스와 하루하루 싸워낸다는 게 얼마나 답답한 일인지 이때 절실하게 깨달았다.) 또 어려웠던 것 중 하나는 선배들과 함께 생활한다는 것이었다. 물론, 같은 방에서 생활하는 것은 아니었지만 입학하고 처음으로 배정받은 방은 옆방은 4학년 생도님들이, 앞방은 2학년 생도님들이 계신 방이었다. 누군가를 마주치는 것조차 부담스러웠던 탓일까(부담보다는 두려움이 더 컸을 수도 있다), 나는 입학과 동시에 소위 말하는 '칩거생활'을 시작했다. 그 때 당시 내게는 복도 끝에 있는 냉장고와 정수기를 쓰러 나가는 그 몇 발자국이 너무 멀게만 느껴졌기 때문이다.

그러나 이렇게 불편한 생활만 한 것은 아니었다. 오며가며 마주할 때 기분 안 좋은 일이 있어보이면 조그만 간식이라도 하나 챙겨주면서 '힘들지?'라고 물어봐 주시던 따뜻한 선배생도님도 계셨고, 지금 생각해보면 나름 여유롭던 1학년 시간표에, 공기 좋고 하늘 맑은 학교 풍경까지. 그리고 하라는 것만 제대로 하면 교육받을 것도 없던 삶이었다. 매번 신기한 행사들과 우리 학교만의 문화(신입생 환영회, 성년의 날 축하 행사 등)로 입학과 이런저런 일들을 축하해주시는 감사한 마음들에 감동받는 행복한 날들도 많았다.

📝 내 마음속 안식처는 침대뿐

그럼에도 불구하고 자잘한 생활습관들을 익히는 것이 쉽지 않았다. 우리는 군인이 될 사관생도이기 때문에 기본적으로 군에서 적용하는 생활규정이 적용된다. 이를테면 적에게 우리의 위치를 노출시키면 안 되기 때문에 특정 시각 이후에는 커튼을 치고 생활해야 한다는 것이 있다. 또, 일과표에 맞게 정해진 시간에 밥을 먹고, 수업을 듣고, 잠을 자야 하며 정해진 옷을 입고 규정에 맞게 생활해야 한다. 일련의 일과

나 규정을 따르지 않으면 그에 맞는 합당한 책임을 져야 한다.

　6시 20분에 기상하는 것을 시작으로 하라는 것들을 다 하며 쳇바퀴 도는 듯한 삶을 몇 개월 정도 지냈을까, 이 생활에 지겨움을 느끼기 시작했다. 코로나-19는 심각해져만 가고, 그에 맞춰 '출타제한'이라는 무시무시한 단어만 계속될 뿐이었다. 아무리 디지털로 연결돼있는 세상이라지만, 세상과 단절된 것처럼 일명 '국간사 섬'에 갇혀있던 그 기분을 잊을 수가 없다.

　지금 생각해보면, 아마도 계속해서 내 옆에 누군가 있고 변하지 않는 환경을 받아들이기 힘들었던 것 같다. 보기와는 다르게 내향적인 나는 사람들과 시간을 보내면 꼭 혼자만의 시간을 가지며 에너지를 보충하고, 그렇게 보충된 에너지로 또 다른 사람들과 좋은 시간을 보내는 편이다. 그런데 여기선 혼자 보낼 수 있는 시간과 공간이 많지 않았다. 항상 룸메이트들, 혹은 다른 동기들, 그게 아니라면 선배, 후배, 심지어는 장교님들과 함께 있었다. 조금 과장하자면 혼자 있는 시간이 샤워할 때나 잘 때 말곤 없었던 것이다. 그래서였을까? 1학년 여름을 기점으로 침대에 있는 시간이 대폭 늘어났다. 침대가 나만의 안정적인 공간이라는 생각에 눕기만 하면 편안한 마음이 몰려왔고, 하루종일 긴장된 채로 있다가도 침대에만 있으면 긴장감이 해소됐기 때문이다. 내가 생각해봐도 열정 넘치던 학기 초와는 상당히 대비되는 모습이었다.

땅도 여러 번 밟혀야 굳어지는 법

성취감과 남들이 해주는 칭찬에 큰 기쁨을 느끼던 내가 어느새부턴가 열정이 식어가기 시작했다. 거울을 들여다보면 초점 잃은 동공으로 그저 밥을 먹고, 수업을 듣고, 잠을 자는 생활을 반복하는 내가 아닌 내가 있었다. 나조차도 낯선 나의 모습을 보며 '뭔가 잘못됐다'라는 생각이 몰려왔다. 단조로운 삶 속 환기가 필요했다. 취미라는 숨구멍을 찾아야 하는 시점이었다.

1학년 때는 가장 접근성이 좋다고 느꼈던 도서관에서 책을 빌리고, 많이 읽었다. 장르를 불문하고 읽고 싶은 책을 냅다 몇 권 골라 공강시간 내내 그 책을 읽는 거였는데, 보통 소설책을 읽으면 그 책 속 내용에 몰입해 시간 가는 줄 모르고 책을 읽게 됐다. 단조로운 삶이 조금이나마 다채로워지는 기분이 들었다. 2학년 때에는 부족한 뜀걸음을 보충하기 위해 개인적으로 뛰는 시간을 많이 가졌다. 나는 이 때의 스트레스 해소 방법이 정말 건강했다고 생각하는데, 매일이 아니더라도 꾸준히 30분 정도 뛰는 시간을 가지다보면 뛰는 동안 평소의 고민들을 잠시나마 내려둘 수 있고, 땀을 흠뻑 흘리고 나면 '오늘도 해냈다!'는 강력한 성취감을 느낄 수 있기 때문이다. 또, 매일 뛰어야 하는 학교 특성상 체력이 좋아지면 좋아질수록 자기효능감도 높아지고, 매학기 측정하는 체력측정에도 걱정 없이 임할 수 있다. 실제로 매일매일 뛰던 나는 이때 처음으로 14분 초반대의 성적으로 체력검정 전 과목 특급을 받을 수 있었다. 3, 4학년 때부터는 출타제한이 해제되면서 외출이나 외박을 통해 스트레스를 해소하곤 한다. 가족들이나 친구들과 함께하는 소중한 시간들이 한 주 동안 쌓인 피로를 해소해주는 피로회복제가 됐다. 주말의 환기가 한 주를 버티는 원동력이 되는 걸 체감하는 요즘이다.

무지개도 비 온 뒤 뜬다던데

이렇게 스트레스를 해소하는 방법에 대해 고민하고, 실천하는 과정을 통해 나는 점점 침대에 의존하는 삶에서 벗어날 수 있었다. 물론, 아직도 침대에서 휴식을 취할 때면 안정감을 느끼곤 하지만, 지금도 글을 쓰고 있는 것처럼 누워있기만 하는 것보다 더 생산적이고 즐거운 일들로 하루하루를 꾸려나가고 있다.

종식되지 않을 것만 같던 코로나-19도 종식에 가까워져 지금은 이전과 별다를 것 없는 일상을 즐길 수 있다. 매주 외박을 통해 새로운 곳에 가보고, 또 동기가 아닌 다른 친구들, 가족들과 함께하는 요즘 일상이 참 감사하기 그지없다. 그럼에도 불구하고 아마 '국간사 섬'에서 보냈던 2년이 없었더라면 지금의 시간을 이렇게 소중하고 알뜰하게 쓸 수 없었을 것 같다는 생각도 든다. 자유로워진 일상 속에서도 여전히 난 나만의 시간이 필요한 사람이고, 그런 의미에서 지난 시간동안 찾았던 나의 취미생활들은 여전히 내게 유용하기 때문이다.

무지개는 비 온 뒤에 뜬다던데, 그렇게 힘들게만 느껴졌던 시간을 통해 감사함이라는 깨달음을 얻고 배움을 얻으며 생긴 소중한 취미들은 내가 어떤 사람인지 알 수 있는 이정표가 되어주고 있다. 여러분들도 힘든 시간을 힘들게만 느낄 것이 아니라 새로운 길을 개척해보는 것은 어떨까? 막다른 길에서 마주한 또 다른 길은 조금 돌아가는 길일지는 몰라도 더 아름다운 길일 수도 있다는 것을 항상 염두에 두면 좋겠다.

4. 보이지 않는 곳에서 최선을 다하는 삶

　국군간호사관학교에 재학하면서 많이 느꼈던 것 중 하나가, 어떤 누군가의 노력은 내가 보이지 않는 곳에서도 계속되고 있다는 것이다. 내가 입학하던 2020년 2월은 코로나-19가 막 시작될 때 즈음이었는데, 그때 임관하신 60기 선배님들께서는 이례적으로 조기임관 후 모두 국군대구병원으로 파견을 가셨다. 또, 62기 선배님들께서는 3학년 실습 시기에 생활치료센터 파견을 가시기도 했다. 이런 일 말고도 기초군사훈련을 준비하던 동기들을 보면, 예비생도들이 입교하기 한참 전부터 예비생도들을 위해 인성교육을 받고, 군장류 등 생활물자를 준비하고, 훈련을 다시 연습해보는 등의 노력이 있었다. 평소 생활에서는 특별한 일이 생길 때 보고체계에 따른 즉각적인 대응을 위해 당직이나 불침번이 운용되고 있고, 지휘근무생도들은 훈육진과 생도들 사이에서 많은 소통을 하며 원활한 생도생활을 위해 노력하고 있다.

　훈육 군사학 시간에 군사훈련계획장교님께서 '군인은 시간에 대해 어떻게 생각해야 할까요? 더 미리 준비해야 할까요, 더 늦게 준비해야 할까요?'라는 물음을 던지셨다. 당연히 거의 대다수의 생도들이

'더 미리 준비해야 한다'고 답변을 했는데, 뜻밖에도 답은 '정시에 하는 것'이었다. 크고 작은 수많은 작전들이 전개될 때 계획보다 더 빨라도, 느려도 그것은 실패한 작전이 될 수 있다는 것이었다. 우리의 보이지 않는 노력은 아마도 그 정확한 시간을 맞추기 위함이 아닐까?

생각보다 많은 사람들이 보이지 않는 곳에서 많은 노력들을 하고 있다. 각자의 자리에서 각자의 위치를 지키고, 제 역할을 다하기 위해 최선의 노력을 하고 있다는 것을 느낄 때면, 내가 이 학교의 일원이라는 것에 자부심을 갖게 된다.

✏️ 그저 열심히, 하루하루를 살아가는 것

기초군사훈련부터 지금까지 3년 반이 넘는 시간 동안 경험한 '나의 생도생활'을 조금은 소개해보고자 한다. 저자소개에도 있듯 나는 도전을 즐기는 사람인데, 그래서인지 4학년이 된 나는 중대 작전참모생도, 4학년 동기회 앨범부원, 편집국장생도, 홍보부장생도를 동시에 맡고 있다.

작전참모 상시업무로는 자기계발외출 관리, 청소구역 배정, 생일자 축하 등을 하고 있다. 동기회 앨범부원은 앨범부장 생도와 함께 졸업앨범에 들어갈 사진을 고르거나, 졸업사진 촬영 때 보조를 맡고, 평소 동기회 활동이 있을 경우 같이 활동을 한다. 편집국장은 분기별로 한 해 동안 네 번 발간되는 학교의 신문, 학보를 총괄하는 업무를 맡는다.

홍보부장은 고교홍보출장이나 지역입시설명회, 1차시험감독 등에 생도를 편성하고 관리하는 업무를 주로 하고, 이 외에도 학교를 홍보할 일이 있을 때 활동에 참여하거나 홍보영상을 촬영 및 편집하는 업무 등을 수행하고 있다. 생각보다 많은 것들을 해야 해서 학업이나 훈련과 병행하기에 부담이 될 때도 종종 있지만, 내가 맡은 해야 할 일들을 하나씩 해내다보면 큰 성취감이 느껴지기도 한다. 특히 35명이나 되는 편집국원들의 기사가 모이고 모여 8면짜리 학보로 완성되는 전 과정을 지켜보고 교정하고 편집하는 과정에서는 정말 많은 이들의 노력이 들어간 학보라는 생각에 완성된 학보를 보면서 뿌듯함을 많이 느낄 수 있다. 학보를 발간하는 것 자체도 학교의 역사를 우리 손으로 직접 남긴 것이기에 '훗날 되돌아보면 얼마나 뿌듯할까?' 생각하기도 한다.

  반면 뿌듯함만으로는 위로가 되지 않는 허탈한 순간도 분명 존재한다. 의도치 않게 여러 일들이 겹치다보면 어디부터 시작해야 할지 몰라 발을 동동 굴러가며 고민을 하기도 하고, 이 일에 집중하느라 다른 일 하나를 제대로 신경 쓰지 못하면 내가 맡은 일을 제대로 하지 못했다는 생각에 자책감이 많이 들기도 한다. 타인과의 소통과정에서 의사소통이 잘 되지않으면 속상함과 답답함을 느끼기도 하고, 생각보다 결과가 좋지 않을 때에는 실망감을 감출 수 없다. 하지만 나는 이런 나의 바쁘고 치열한 삶이 언젠가 나에게 커다란 자양분이 될 것이라고 믿어 의심치 않는다. 열심히 살아가는 매 순간이, 그리고 많은 경험을 통해 얻어낸 교훈들이 더 단단하게 성장할 내 미래의 밑거름이 될 것이기 때문이다.

작은 사회, 국군간호사관학교

누군가는 생도들을 '우물 안 개구리'라고 표현하기도 한다. 아무래도 학교 안에서만 생활하기도 하고(특히 코로나로 인한 출타제한 때는 더더욱), 외부대학과 교류가 많은 것도 아니고, 주체적으로 삶을 계획해서 앞장서 나가기보다는 정해진 시간과 계획에 맞춰 움직이는 삶을 살아가고 있기 때문일 것이다. 그럼에도 불구하고 내가 자부할 수 있는 것은, 우리학교에서의 삶은 사회와 많이 닮아있다는 것이다.

생도생활은 학년마다 그 모습이나 느끼는 점이 많이 다른데, 1학년 때부터 4학년까지의 시간을 거치며 정말 다양한 경험을 할 수 있다. 특히 선후배와 함께 동고동락하는 삶을 통해 많은 것을 배울 수 있다. 지금까지의 생도생활을 통해 내가 느낄 수 있던 것은, 우린 '책임질 수 있는 생활'을 해야 하고, 어려움을 느낄 땐 '주변에 도움을 요청'해야 하며, 최소한 자신에게 '떳떳할 수 있는 삶'을 살아야 한다는 것이다.

우리는 보통 인간관계에서 많은 상처를 받기도 하지만, 인간관계를 통해 또 그 상처를 치유하기도 한다. 사회생활도 비슷할 것이다. 원하는 대로만 되기도 쉽지 않지만, 또 내가 노력한다면 어느 정도는 보상받을 수 있을 것이며, 어떨 땐 기대하지 않았던 행운을 맞이하는 날도 있을 것이다.

국군간호사관학교라는 작은 사회에서 내가 얻은 가장 값진 교훈은 인간은 그 누구도 완벽할 수 없고 누구나 약점 하나씩은 가지고 있을 것이므로, 그저 그 약점을 둥글게 보완하며 더 나은 내일을 향해 나아가는 내가 되길 바라는 것이다. 잘하고 못하는 것을 떠나, 나의 모습을 되돌아볼 줄 알고, 앞으로 더 발전하기 위해 노력하는 모습이야말로 우리가 계속 가져야 할 자세일 것이다.

조금은 특별한, 국군간호사관생도

생도들은 선한 영향력을 끼치고 싶다던가, 좋은 간호장교가 되겠다던가, 혹은 그런 다짐은 없지만 그래도 나라에 헌신할 수 있는 간호장교라는 직업을 갖고 싶어 이곳에 모인 다채로운 사람들이다. 그렇기에 남들과는 조금은 다른 20대 초반, 우리들만의 청춘을 보내고 있지만 이렇게 보내는 하루하루에 뿌듯함과 벅차오름을 느끼는 우리의 모습은 누군가에겐 정말 멋있는 모습으로 생각될 수 있다. 가끔 나는 우리가 '우리의 모습을 너무 과소평가하고 있진 않나?' 하는 생각이 들곤 하는데, 우리는 존재 자체로 빛날 수 있는 청춘임을 잊지 않았으면 좋겠다. 우리가 해내고 있는 모든 일과와 과업들이 모이고 모여 건강한 간호장교로 성장할 수 있는 디딤돌이 되지 않을까? 모든 생도들, 특히 한여울의 길고 길었던 4년을 응원하며, 앞으로도 밝은 우리가 되길 소망하며 글을 마친다.

1999년 부산에서 태어나 서울에서 살다가 명예 대전인이 된 지 어언 4년차. 언론인을 꿈꾸다 디자인을 공부하고 국군간호사관학교 생도까지 닿는 길 위에서 원하는 건 다 찍어 먹어 본 25살. ESTJ를 지향하는 INFP, 이상을 품고 이성을 꿈꾸는 사람. 목표는 함께 밥벌이하고 싶은 유능하고 다정한 사람 되기.
Work Hard and be Kind-

1. 빛나는 눈동자를 갖고 싶어

　TV에 나오는 아나운서를 동경했던 것은 유치원을 다닐 때부터였다. 깔끔하게 세팅한 머리와 단정하고 우아한 오피스룩, 신뢰를 주는 안정되고 똑 부러진 목소리. 세상과 세상을 연결하는 가치있는 직업이라는 사실 또한 어린 내 가슴을 꽤나 뛰게 했다. 무엇보다 확신에 찬 빛나는 눈동자를 닮고 싶었다. 자신의 일에 대한 자부심과 사명감으로 가득 찬 사람만이 풍기는 분위기를 갖고 싶었다. 지금은 마냥 어리숙하고 세상을 모르는 애송이지만, 커서는 더 똑똑해져서 세상에 도움이 되는 존재가 되고 싶었다. 나는 내가 못해도 PD라던가(얼굴이 예쁜 편은 아니라는 사실을 자각하고 중학교에 입학하고서는 거의 그랬다), 기자라거나, 언론에 종사하는 사람이 될 것이라고 굳게 믿었다. 외국어 고등학교 입학은 자연스럽게 나의 목표가 되었고 꿈꾸던 인생을 위한 첫 관문에 들어서기 위해 전교권 등수를 유지하며 중학교 시절을 보냈다. 그러나 내가 고등학교 입시를 치를 때에 입시 제도가 바뀌면서, 단 한번의 실수는 입시의 당락을 결정할 만큼 치명적인 '잘못'이 되었다. 이를 만회하기 위해 다음 시험에서는 해당 과목에서 전교 1등을 할 정도로 최선을 다했지만, 돌이키기엔 역부족이었다. 그렇게 고등학교 입시에 실패하고 주위 친구들이 원하는 학교에 입학하는 것을 보며 인생의 첫 좌절을 맛보았다. 내가 꿈꾸던 모든 것들이 의미를 잃은 것처럼 느껴졌다.

이상한 이상주의자

집과 가까운 고등학교를 가게 된 나는 이과를 선택했다. 어쩌면 내 실패를 부정하고 싶은 옹졸한 반항심 때문이었는지도, 어른들이 자나 깨나 던져대는 진로와 취업에 대한 질문을 듣기 싫어서였는지도 모른다. 하지만 수학을 제일 싫어하고 어려워하던 내게 이과 공부는 그렇게 쉬운 일이 아니었다. 가장 시간을 많이 쏟았지만 성적이 잘 나오지 않아 국어와 영어 과목으로 연명하던 이른바 '패션 이과생'이었다. 그렇게 보았던 수능 성적은 그럭저럭 이었으나, 크게 흥미가 없던 이과 공부를 대학교에 가서도 이어갈 자신이 없었다. 한 치 앞도 알 수 없는 세상에 불변의 진리나 법칙(수학이라거나 과학이라거나)이 존재한다는 것은 매우 경이로운 일이며, 4차 산업혁명이라는 무시무시한 이름 아래 빠르게 변화하는 세상을 부족한 내가 작은 보폭으로나마 좇을 수 있도록 도와줄 수 있을 것이라는 사실을 모르지 않았다. 하지만 조사를 어디에 놓느냐에 따라 다른 맛과 향을 내는 문장들을 음미하는 것이 내게는 더 큰 기쁨이었다. 정량적으로 평가할 수 없는 것들이 더욱 가치 있었다. 가슴을 울리는 시, 여운을 남기는 노랫말, 눈을 맞추면 내게 말을 거는 고전 명화들. 대학 입시에는 전혀 필요하지 않은 것들만 골라서 사랑하고 아꼈다. 삭막한 날들 속에서 나를 살게 한 것이 이상과 낭만이었음을 자각하고서는 인생에서 가장 뜬금없는 선택을 하게 된다.

얼렁뚱땅 비실기생의 조형대에서 살아남기

정신을 차려보니 나는 조형 대학의 신입생이 되어 디자인을 공부하고 있었다. 원래 그림을 잘 그린다는 얘기를 곧잘 듣기는 했지만 비전공자 사이에서 나쁘지 않은 애매한 '잡기' 정도에 불과한 수준일 뿐, 예중·예고 출신 동기들 사이에서 살아남기란 여간 쉬운 일이 아니었다. 특히나 서울에서 세종까지 일주일에 4번 집과 학교를 통학하던 나는 새벽 별을 보며 집을 나와 다시 새벽 별을 보며 귀가하는 일이 다반사였다. 가방 속 기초조형 수업을 위한 톱과 망치 등의 공구, 각종 드로잉 및 채색용 물품, 3kg가 넘는 노트북, 4절 스케치북, 전공책 등 다양한 물건들이 매일같이 나의 어깨를 무겁게 짓눌렀다. 셔틀버스는 암담하게도 매번 퇴근 시간에 나를 강남역에 내려주었는데, 만원 지하철에서 작품이라고 하기에 다소 민망한 내 과제물이 망가질세라 양손으로 높이 들고 발끝까지 힘을 준 채 버텼다. 휘청대다 주위 사람들의 발을 밟아 연신 사과를 하고서 집까지 걸어오는 날에는 내가 나를 위로할 힘조차 없었다. 집에 도착하자마자 샤워를 하고 저녁으로 먹을 간식거리를 챙겨 바로 노트북 앞에 앉았다. 감각 있는 동기들은 몇 번의 클릭으로도 나보다 좋은 학점을 받아가는 현실이 뼈아프게 느껴지면서도, 내가 할 수 있는 한 최선을 다해 과제를 했다. 곧 잠실에서 출발하는 셔틀을 타야 했기에 늦지 않기 위해 잠은 꼭 책상에 엎드려 잤다. 정말 지치는 날에는, 버스에 몸을 싣기만 하면 어떻게든 하루는 시작된다는 사실이 오히려 위안이 되기도 했다.

이른 버스 배차 시간 때문에 나는 늘 차가운 강의실에 제일 먼저 도착하는 학생이었다. 하루는 교수님께서 진행 중인 조별 과제에 대해 중간 점검을 하겠다고 하셔서 수업 전에 미리 모여 어느 정도 작업물을 만들어두기로 했다. 여느 날처럼 책상에 엎드려 자다가 일어나 곧 있을 만남에 대해 연락을 했는데, 그 누구도 답장을 하지 않았다. 나는 새벽에 출발하지 않으면 아예 도착을 할 수가 없었기에, 한 명이라도 올 것이라고 믿으며 새벽 버스로 학교에 도착했다. 하지만 아무도 오지 않았고, 뒤늦게야 '집이 멀어서'라는 핑계를 대지를 않나(사실은 서울에서 통학하는 내가 제일 멀었다), 오지도 않아놓고 내가 만들어둔 작업물을 평가하며 투덜거렸다. 화가 나는 일들의 연속이었지만 나는 내 몫을 해내야 했다. 뜬금없는 선택을 믿고 지지해주신 부모님께 확신을 드려야 했다. 학기 말, 그 조에서 A를 받은 건 나 혼자였다. 이후 다른 실기 과목에서 같은 그림을 50장씩 그리는 과제가 주어졌는데, 손이 많이 가는 그림을 선택해서 부족하지만 점점 나아지는 모습을 교수님께 어필했다. 오가는 버스 안에서도 끄적거려야 할 정도로 많은 양이었지만 나의 간절함 덕분에 학교를 다니는 1년 동안 장학금을 놓치지 않았다.

어쩌면 재능이 전 재산인 예체능의 영역에서, 땀과 열정의 가치를 높게 사 주신 덕에 주어진 조건 속에서 최선을 다하는 태도의 중요성을 배울 수 있었다. 그렇게 생각하면 나쁘지 않은 결말이지만, 잘하는 것과 열심히 하는 것은 결코 같지 않다는 사실을 다시금 느낀 뼈아픈 경험이기도 했다.

📝 열정으로 덧칠한 스무살 청춘

"안목이란, 모든 사물의 아름다움을 보는 눈을 포괄한다. 이러한 점을 돌아보건대 내가 안목을 틔우게 된 결정적 계기는 그러한 사람들과의 만남이었다."
– 『안목의 성장』, 이내옥

조형대에서의 1년은 나의 '안목'을 키우는 시간이었다. 자취를 하는 친구들은 삼각김밥으로 끼니를 때우면서도 돈을 아껴 화방에 갔다(커다란 리트리버 두 마리가 학생들을 반겨주던 학교 앞 화방은 한 군데밖에 없어서 값이 꽤 비쌌다). 학창시절부터 과학과는 연이 없던 학생들은 '곤충 로봇 만들기'라는 이상한 과제가 주어졌을 때에도 공대 교수님을 찾아가 조언을 구하고 며칠간 전자 상가를 뒤져 끝내는 곤충의 움직임을 구현하는 모터를 만들어 코딩까지 해냈다.

자신이 좋아하는 일이라면 대충하는 경우가 없었다. 타과 학생들과 함께 듣는 교양 수업에서도, 조형대 학생들의 발표 자료는 늘 공을 들인 티가 났다. 깔끔한 폰트, 대칭적으로 배치된 도형, 세밀한 색과 구도. 일러스트 프로그램을 사용하여 제작한 발표자료가 망가질까 PDF로 발표를 하는 건 조형대 학생들뿐이었다. 같은 디자인 전공이라도 제품, UX/UI, 애니메이션, 자동차디자인, 편집 및 마케팅 등 각자만의 관심 분야를 개발하여 포트폴리오를 만들었다. 서로의 작업물을 공유하고 피드백하는 눈빛들은 마치 열정이라는 단어를 시각화한 것 같았다.

내가 무엇을 좋아하는지 알고, 자신만의 진로를 개척해나가는 이들의 특별한 에너지와 확신에는 보통의 사람들을 뛰어넘는 무언가가 있었다. 캠퍼스 가장 구석의 추운 건물이었지만, 조원들과 작업실에서 롱패딩을 덮고 덜덜 떨며 야작을 했던 스무살의 밤들은 드리운 그림자마저 아름다운 청춘이었다.

✏️ 내가 꿈꾸던 어른이 될게!

하루는 2학기 글쓰기 교양에서 보고서 작성에 참고할 자료를 찾기 위해 학교 도서관을 찾았다. 시험기간도 아니었던지라 도서관에는 나밖에 없었다. 오후의 햇살이 오롯이 쏟아지는 긴 나무 책상에 쌓아둔 책의 그림자가 길게 생겨 책이 몇 배는 더 많아 보였다. 옅게 드리워진 그림자를 바라보다가 문득 입학 후 책을 읽은 경험이 거의 없다는 사실을 깨달았다. 한 번 사는 인생 똑똑한 어른이 되어 대의를 위해 살고 싶었는데, 멋있게 살아가는 삶이라면 내 입에 풀칠만 하고 살아도 가치 있는 인생이라고 생각했었는데. 나는 그저 눈앞의 과제에 골몰해 있을 뿐이었다. 나의 선택에 책임을 지고자 최선을 다해 하루하루를 살고 있지만, 내가 꿈꾸던 어른의 모습이 맞을까. 먼 훗날 돌아본 오늘은 후회 없는 하루가 될까. '그거 해서 뭐 벌어먹고 살래'라는 주위 사람들의 조소에도 자신이 하는 일에 대한 열정으로 눈빛을 반짝이는 사람들 사이에서 나의 자리는 어디일까.

부모님 말씀을 지지리도 안 듣는 둘째 딸은, 그렇게 몰래 재수학원을 등록했다. 여느 날처럼 학교를 가기 위해 뒷축이 이미 접혀버린 운동화에 발을 구겨 넣으며 등 뒤에서 배웅해주시던 어머니께 통보하듯 말씀드렸다. 작년 수능 성적표와 모의고사 성적표까지 모아뒀으니 학원에서 전화가 오면 그대로 말해주면 된다고. 어머니는 잠깐 말씀이 없으시더니 알겠다고 하셨다. 애써 별일 아닌 척 문을 나서면서 '나는 왜 이렇게 제멋대로일까' 하는 생각을 했다. 어렸을 때부터 전적으로 내게 모든 걸 맡기시던 부모님이 미울 때도 있었다. 친구들은 부모님이 도와주셨던 숙제도, 반장 선거 준비도 모두 내 힘으로 하게 하셨으니까. 초등학교 1학년 참관 수업 때에도 어머니는 수업 막바지에서야 반에 들르셔서 내가 종이접기하는 모습을 지켜보기만 하셨다. 아버지는 나의 학업이나 학교생활에 대해 굳이 캐묻지 않는 분이셨다. 그저 식사 자리에서 '항상 예의 바르게, 뭐든지 열심히 하면 된다'며 한마디 하시는게 전부였다. 이제 와 생각해보니 그것은 부모님만의 사랑의 방식이자 딸을 향한 믿음이었다. 그날의 셔틀버스는 유난히 덜컹거렸고, 덕분에 마음은 더 울렁거렸다. 1교시 강의가 절반이 넘었던 1년의 학교생활 중 처음이자 마지막으로 수업에 늦은 날이었다. 그렇게 나는 휴학을 하고 새로운 내일을 위한 준비를 시작했다.

2. 우연일까, 필연일까?
   간호사관학교와의 첫 만남

📝 5000원의 행복, 1차 시험

간호사관학교와의 첫 만남은 아주 우연한 기회에서였다. 다니던 학원의 수업료가 꽤나 비쌌는데(기숙 재수 학원이었다), 사관학교 1차 시험에 합격하면 학원비의 30프로를 감면해준다는 것이었다. 자유로운 영혼이었던 내게 사관학교는 전혀 생각지도 않던 진로였고, 특히 간호사관학교는 생전 처음 들어보는 학교였다. 그렇지만 합격을 하기 위해서는 최대한 높은 확률에 걸어야 한다고 생각했기에, 여생도를 많이 선발한다는 국군간호사관학교에 지원했다. 다들 간다는데, 콧바람이나 쐬지, 뭐. 누군가는 그 날 몰래 노래방에 가겠다고 했었는데, 룸메이트 말고는 대화조차 잘 하지 않았던 터라 진짜 그런 학생이 있었는지는 모른다. 시험 당일, 가져갔던 손목시계가 멈췄다는 사실을 도착해서야 알게 됐다. 하지만 애초에 제대로 준비도 하지 않았으니, 시간 전략 같은 건 생각할 틈도 없이 시험은 금방 끝이 났다. 하나 기억에 남는 건 점심으로 먹었던 도시락이 꽤 맛있었다는 거다. 남들이 다음 시험 준비를 한다고 책에 눈을 박고 있을 때, 나는 말랑한 계란말이를 음미했다. 다니던 기숙 학원은 밥이 정말 맛있었는데, 식사 시간은 절대 4분을 넘기지 않기로 나와 약속을 했었다. 장염으로 흰 죽을 먹던 때에도, 혈변으로 병원 신세를 지던 때에도 마찬가지였다. 그런 내게 여유로운 점심식사라니, 몰래 편의점이나 PC방을 간 것은 아니었지만 사관학교 1차 시험은 꽤나 큰 일탈이 아닐 수 없었다. 그렇게 본 시험 결과가 좋을 리 있겠는가. 나는 시험의 긴장감을 미리 경험해보았다는 데 의의를 두고 그날의 기억은 접어두기로 했다. 학원 선생님은 가채점 점수를 알려달라고 했지만 결과야 어찌 되든 무관했던 나는 시험지를 통째로 드렸다. 점수는 안 알려주셔도 돼요. 그렇게 사관학교는 까마득한 기억이 되었다.

제가 군대를 간다고요?

어느 날, 학원 선생님이 나를 살짝 부르셨다. 1차 시험에 합격했다는 거다. 나는 소정의 목표를 달성했기에 2차 시험을 보러 갈 마음이 없었지만 선생님은 입시는 아무도 모르는 일이라며 끝까지 나를 설득하셨다. 밑져야 본전이라는 마음으로 어머니께서 집에서 가져다주신 세미 정장 한 벌과 후줄근한 체육복 몇 벌을 들고 학교에 도착했다. 큰 의지를 가지고 시험에 응했던 것은 아니었지만 사소한 실패가 마음을 괴롭게 하는 수험생활에서 패배감이 나를 잠식시키지 않게 하겠다는 자존심 하나로 2박 3일을 보냈다. 최종 합격과 무관하게, 그 곳에서의 작은 성취가 남은 수험생활을 지탱하는 힘이 될 수 있을거라고 믿었다. 체력측정 또한 정신력을 측정하는 항목이라고 생각하고 견뎠다. '5분짜리 고통도 못참으면서 무슨 수능을 보겠니. 머리가 나쁘면 인내심이라도 있어라.'

역사에 정말 무지한 내게 한국사 관련된 논술문 작성은 다소 당황스러운 과제였다. 주제는 기억이 잘 나지 않지만, 저번 주 한국사 시간에 꾸벅꾸벅 졸면서도 얼핏 귀를 스쳐갔던 단어들을 최선을 다해 엮었다. 어영부영 산 하나를 또 넘겼지만, 사람은 못 속이니 면접은 어렵겠지. 무조건 탈락할거라는 마음이었는데, 무슨 운인지 직전에 검색을 통해 잠깐 찾아봤던 다자간 외교와 협력에 대한 질문을 받았다. 나의 진로나 가치관에 관한 질문에는 나만의 대학생활 경험에 내가 사랑하는 문학의 문장들을 녹여 솔직하게 답변할 수 있었다. 내 이야기에 고개를 끄덕여주는 면접관들을 보며 마치 짠 것 같은 느낌이 들었다. 내가 여기에 오게 된 건 우연이 아니었던 걸까.

수능이 끝난 뒤 별 기대 없이 확인해본 합격자 창에서 한 자리수의 예비번호를 받았다. 검색을 해보니 학교의 전형 특성상 꽤 많은 인원이 빠져 1차 추가 합격을 안정적으로 할 순번이라고 했다. 내가 군인이 된다니, 이게 무슨 일인가. 심장이 쿵쿵 뛰고 뇌가 울리는 기분에 어릴 적부터 다니던 동네 병원에 가서 심전도 검사를 받고 싶다고 했다. 그래도 학교에는 가고 싶었는지, 이 검사가 추후 입학에 문제가 될지 의사 선생님께 묻기도 했다. 그렇게 간이 콩알만해서 어떻게 군인이 되겠냐면서 의사 선생님께서는 나를 보며 웃으셨고, 심전도 검사 결과지의 그래프는 지극히 정상 파형을 그려냈다. 간호장교가 되면 검사지도 척척 해석할 수 있겠다는 의사 선생님의 웃음 섞인 농담을 뒤로 하고, 다시 한 번 생각했다.

    나 같은 사람은 군대를 가면 안 되는 게 확실하다.

3. 내 인생 슬럼프 "어쩌겠어, 해내야지."

짧다면 짧고 길다면 긴 반오십의 나이를 겪으며 깨달은 몇 가지가 있다. 첫째로는 아무것도 하지 않으면 아무것도 얻을 수 없다는 것. 두 번째로는 여러 번 두드리면 결국 문은 열린다는 것. 세 번째는 사람을 대할 때에는 예의를 갖춘 다정함이 최고라는 것. 네 번째로는 뭐든지 배워 두면 쓸 데가 있다는 것. 다섯 번째는 내 기분은 내게 달려 있다는 것. 나를 성장시키면 좋은 인연을 만날 수 있다는 사실이다.

슬럼프라고 하긴 좀 그렇지만, 2학년 무렵 반복되는 생도생활에 대한 권태와 늘어난 전공 학업량, 24시간을 공유하는 인간관계에 대한 피로와 스스로의 능력에 대한 의심으로 일상이 지루하게만 느껴졌다. 그런데다 유난히 사람에 관심이 많은 성격은 나를 향하는 것이 아닌 부정적 감정들에도 예민하게 반응했다. 외향적인 편이 아님에도 정적인 분위기를 견디지 못해 적극적으로 대화를 주도하느라 말실수를 하고 자책하는 순간들도 있었다. 모두에게 좋은 사람이고 싶은 안일한 욕심에 하고 싶은 말을 마음에 담아놓고 혼자 끙끙대는 밤들도 많았다. 어떻게 보면 '우리'를 강조하는 군대의 법칙에 잘 녹아들고 있었는지도 모르겠지만, 내 기억 속 그 시절의 '우리'에 '나'는 배제되어 있었다.

부모님께서 길러주신 장점 중 한 가지는 독립심이다. 가끔 부모님께 전화를 걸어 학교에서의 쉽지 않은 일들에 대해 미주알고주알 이야기하노라면 '세상에 쉬운 일이 어디 있냐'거나 '다 참을 수 있는 일만 시키는 거다'하고 말씀하시곤 했다. 절절한 위로의 한마디를 기대한 것은 아니었지만 이렇게까지 무던한 말들이라니. 하지만 부모님의 말씀은 꽤나 도움이 될 때가 많았다. 하려던 불평과 불만들은 그쯤에서 삼키고 전화를 끊고 나면 드는 생각은 하나였다. '어쩌겠어. 해내야지.'

✏️ 귀찮은 일은 좋은 일

부정적 기분을 바꾸기 위해 내가 제일 먼저 한 일은 주변 환경을 바꾸는 것이었다. 운동이라고는 학교에서 시키는 단체 체력단련을 제외하고 한 적이 없었지만 무작정 체력단련실로 가 런닝머신을 뛰었다. 하루에 최소 5km를 뛰고 동기들 어깨너머로 운동기구 사용법을 익혔다. 시간이 없을 때에는 예비 시간을 쪼개어 운동을 했다. 내가 나만의 '루틴'을 가지고 꾸준히 해나가는 일이 생겼다는 사실은 나를 꽤 주체적인 사람처럼 느끼게 해주었다. 아쉬움이 남는 하루라도 하루하루 쌓여가는 달리기 거리를 보며 그래도 애썼다고, 고생했다고 스스로를 격려할 수 있었다.

주말은 모든 걸 뒤로 하고 잠들고 싶은 달콤한 유혹이 커지는 순간이다. 그 유혹을 이겨내기 위해, 아침 점호가 끝난 후 바로 운동을 하러 나섰다. 운동을 끝낸 후 12시부터 13시 30분까지 유산소라는 합리화를 하며 노래방을 예약했다. 당시에는 코로나로 전 생도들의 외박이 제한된 시기라서 학교에 딱 두 개 있는 노래방을 예약하기 위한 경쟁이 치열했는데, 무서운 선배님 전후로 사용하게 되면 뒷정리가 부족하거나, 시간을 준수하지 못하거나 하는 여러 가지 사항들로 교육을 받는 경우가 있어 일어나자마자 신중하게 시간을 골랐다.

그렇게 만반의 준비를 마치고 목적지 일지를 작성하러 가면, 너만 '갓생' 사냐는 장난 섞인 말과 아직 당직 교대 전이라 일지 마감 도장을 어디다 찍을지 애매하다는 투덜거림을 들을 때도 있었다. 그렇게 생도회관의 자물쇠를 열고 체력단련실에 들어서면 밤새 고여있던 차가운 공기가 나를 맞이했다. 운동기구들이 어둠을 덮고 고요히 잠들어 있는 것 같았다. 요란스럽게 불은 켜지 않는 것이 좋았다. 주말이니 늦잠 자고 싶지 않겠는가. 겨울날 새벽이 아침이 되어가는 순간을 통창으로 바라봤다. 무선 이어폰에서는 좋아하는 노래가 흘러나오고 있었다. 제일 오른쪽 창문에서 주황과 파랑이 마치 경쟁하듯 서로를 밀어내다가, 태양이 고개를 디밀면 결국은 아침이 왔다. 그 역동적인 새벽이 온전히 나의 것이라는 사실이 벅차게 느껴지기도 했다. 런닝머신의 계기판 위로 10이라는 숫자가 채워지기 전까지 걷고 뛰다가 자극점이 어딘지도 잘 모르는 근력 기구들을 깔짝댄 후 스트레칭을 하고 있으면, 사람이 없을거라고 생각하고 체력단련실에 들어온 누군가와 마주쳤다. 조금 웃기게 들리겠지만, 내가 그래도 부지런하게 살고 있구나 하는 되도 않는 우월감에 빠지기도 했다. 체력이 뒷받침해준 2학년은, 공부에 큰 욕심이 없던 내게 생각보다 나쁘지 않은 성적을 가져다주었다. 이 때 생활화된 운동 습관은 3학년 때 전 생도를 대상으로 한 인바디 대회에서 1등을 할 수 있게 해 준 원동력이 되었다.

변화를 만들기 위해서는, 무엇이 되었든 일단 시작을 해야 한다. 몸을 움직여야 한다. 힘든 상황에서도 그 에너지를 어떻게 쓰느냐에 따라 내게 약이 될 수 있음을, '귀찮은 일은 좋은 일'이라는 배움을 준 귀한 경험이었다.

Work Hard and be Kind

기숙 학원의 아침 점호가 끝나면 열심히 뛰어 1등으로 식당에 도착했다. 그 덕에 우리 학원에서 내가 공부하던 교실은 항상 가장 먼저 불이 들어왔다. 모두에게 예의바르게, 무엇보다 힘들 때일수록 철저히 혼자가 되어야 한다는 사실을 마음에 새겼다. 기분이 태도가 되면 안 된다고 생각했기에 날이 선 마음을 숨기려고 말을 줄였다. 1년 내내 마스크를 쓰고 모든 사람에게 존댓말을 썼다. 진인사대천명(盡人事待天命), 결과는 하늘에 달려 있으니, 매일 딱 하루치의 정성을 다하자고 다짐했다.

늘 마스크를 쓴 채 고개를 숙이고 존댓말을 하며 거리를 두던 학생이던 나를 보고 동기부여를 받았다거나, 멀리서 늘 응원했다거나, 가끔 건네는 정중한 인사로 힘을 얻은 사람들이 있었다는 걸 뒤늦게야 알았다. 요란스럽게 인간관계를 쌓지 않더라도 주어진 일을 묵묵히 해내는 것만으로도 좋은 영향을 줄 수 있다는 것을 느꼈다. 어떤 자리에서 어떤 일을 하든 묵묵하고 성실한 사람이 되고자 다짐했다. 내 삶의 신조인 'Work Hard and be Kind'는 짧은 인생을 관통하는 나름의 경험의 결과가 아닐까.

4. 사서 하는 고생이 최고,
　　가장 치열한 날들의 기록

사관학교에 입학하면서 마음먹은 한 가지는 생도로서 해볼 수 있는 것은 전부 해보는 것이었다. 해외교류, 대외활동, 봉사활동, 기초군사훈련 지도 이외에도 내가 4년간의 생도생활을 통틀어 가장 열정을 쏟았던 것은 바로 지휘근무 경험이다. 명예위원, 소대장, 중대장, 그리고 예비생도 시절부터 꿈꿔왔던 명예위원장까지. 매 순간이 의미 있었던 경험들을 짧은 몇 장에 담아내기란 어렵지만 나를 자라게 했던 기억 몇가지를 꺼내보고자 한다.

3학년 1학기는 다양한 학년 일정을 소화하기 위해 번갯불에 콩 구워먹듯 학과를 소화하게 된다. 그 뒤 해양항공 훈련, 군사훈련의 꽃이라고도 불리는 유격훈련, 그리고 6주 간 숙영지를 이동해 육군사관학교에서 생활하는 수도권 실습이 이어지는 악명 높은 기간이다. 이 시기에 중대장을 맡는다는 건 꽤나 큰 결심이 필요한 일이었다. 항상 산더미같은 걱정을 안고 살면서도 계획적이지 못한 내가 우리 기수 전체를 대표하는 중책을 맡을 자격이 있는지 고민됐다. 나의 욕심이 우리 기수의 소중한 한 학기를 혼란스럽게 하지는 않을까 망설여졌다. 하지만 일단 해보자고 다짐하지 않았던가. 무엇보다 나는 혼자가 아니었다. 가장 중요한 시기에 나를 중대장으로 지지해준 동기들의 믿음이, 한 학기를 함께할 소대장 동기들의 응원이 있었다. 중대장으로 선출되고 난 후 소감으로는 딱 한마디를 남겼다. 잠은 죽어서 자겠습니다. 부족함을 아는 만큼 시간과 노력을 갈아 채우고자 다짐했다. 걱정이 태산인 내게 하는 암시에 가까운 말이었지만, 2022년 여름은 삶의 그 어느 계절보다 뜨겁고 치열했다.

✏️ '나'보다 '우리'를 생각하기

중대장으로 뽑히고 난 뒤 전임 3학년 중대장 선배님께서는 장장 2시간에 가까운 인수인계를 해주셨다. 책상에 어지러이 놓인 자료들과 수첩들을 바라보며 다사다난할 한 학기에 마음이 무거워졌다. 지금 돌아보면 별일이 아니지만 그 당시 우리에게는 모든 것이 생소했다. 한 가지 업무를 하더라도 담당 장교님의 허락을 득한 뒤 담당 생도에게 조치를 받는 절차가 필요했으며, 처리 후의 결과 보고도 잊지 말아야 했다. 일손이 많이 필요한 업무를 할 때에는 동기들의 도움을 받아야 했는데 다들 바쁘고 예민한 시기에 부탁하기가 여간 미안한 것이 아니었다. 생도들과 훈육요원 사이에서 원활한 의사소통을 위해 늘 보고를 드리거나 전달을 할 때에는 신중을 기하며 수십번을 썼다 지우며 고민했다. 어떻게 해야 오해 없이 전달할 수 있을까, 모두가 만족하는 최선의 방안을 찾아낼 수 있을까, 원하는 답과 반응을 얻을 수 있을까. 국어사전을 뒤져 유의어와 반의어를 찾아가며 단어를 고르고, 호실원들에게 객관적인 피드백을 구했다. 1남 2녀 사이에서 둘째로 꿋꿋하게 24년을 살아온 내게도, 중도(中道)의 미학이란 참 어려운 것이었다.

훈련을 앞두고 매 일정마다 시간, 장소, 복장, 준비물, 주관자를 사전에 확인하고 화장실 등의 편의시설, 병원 진료 가능 여부, 좌석 배치 등의 정보를 알아 두었다. 작년 훈련 자료를 기반으로 큰 틀을 그리고, 세부적인 변동사항을 교수님께 매일 연락드려 질문했다. 그리고 그 모든 내용을 담아 ppt로 안내자료를 만들어 인쇄를 했다. 80부가 넘는 문서를 호실원들과 스테이플러로 정리하여 배포했다. 후천적으로 길러온 책임감이 내재된 무계획성을 완벽하게 이겨낸 경험이었다.

다사다난하게 떠난 해양항공 훈련 첫 날 저녁점호였다. 건물의 구조 상 여러 인원이 같이 모일 수 있는 가용한 공간이 없어 호실 점호로 진행하는 대신 호실별 대표 한 명은 문 앞에서 대기를 하도록 전파하셨는데, 우리끼리 진행하는 첫 점호라 들떴는지 일부 생도들이 슬리퍼를 신고 참여했다. 정식 점호이기에 운동화를 신어야 한다고 말할까 고민했지만 정확히 내려온 지침도 없는 상황에서 괜히 싫은 소리를 들을까 고민이 됐다. 사소하게라도 부정적인 이야기를 전파하는 일이 내게는 조금 어려웠다. 아니나 다를까, '슬리퍼 점호'를 보신 훈육장교님께서는 이를 제대로 통제하지 않은 지휘근무의 잘못이라며 건물이 울리게 꾸짖으셨다. 동기들은 나를 걱정했지만, 나는 오히려 훈육장교님의 말씀이 감사했다. 앞으로도 계속 이어질 훈련의 군기를 위해서 기본을 지킬 줄 아는 것은 당연한 일이었다.

지금 생각해보자면, 그때 나는 중대장 생도로서, 미래의 장교로서 개인의 평판보다 전체를 올바른 방향으로 이끌 수 있는 판단을 했어야 했다. 10명 중 7명은 내게 관심이 없고, 2명은 나를 싫어하는 세상에서 리더라면 감히 '미움받을 용기' 정도는 낼 줄 알아야 한다는 사실을 배운 날이었다.

걱정은 나를 자라게 하니까

남들에 비해 관절이 몇 개가 부족한 건 아닐지 의심스러울 정도로 몸치이자, 지난 군사학기 성적이 거의 꼴찌에 가까웠던 내게 유격훈련 중대장이라는 역할은 적지 않은 부담이었다. 그래서 유격 체조를 외우고 기초 체력을 증진하는 준비 과정부터 만전을 기했다. 하지만 그렇게 맞이한 유격훈련은 첫날부터 만만치 않았다. 최단거리가 아닌 직선을 그리며 지휘해야 한다는 요령을 체화하지 못해 혼나기도 하고, 속으로 몇 번이나 외우며 준비했던 입소 신고 대신 흙바닥 위에서의 짜릿한 유격체조로 유격장과 첫 대면을 해야 했다. 중대장이라는 이유로 11m 탑에서 두 번 강하해야 했고, 이후 작열하는 태양 아래에서 진행된 여러 장애물 훈련과 체력단련은 뜨거운 괴산의 여름을 온전히 느끼게 해주었다.

하지만 훈련 이외에도 다른 문제가 있었는데, 바로 샤워장 이용에 관련된 것이었다. 공용 샤워실은 전 인원이 한번에 들어갈 수 없어서 소대별로 시간을 나누었어야 했는데 매일의 훈련 상황과 소대별 식사 순서에 따라서 복귀하는 시간이 달라져 사전에 샤워 가능 시간을 공지해줄 수 없었다. 그래서 생각해 낸 방법은, 샤워실 앞에 적을 수 있는 판을 두고 제일 먼저 도착한 인원이 자습시간 전까지의 시간을 3등분해서 각 소대가 동일하게 시간을 적도록 하는 것이었다. 단, 식사 시간의 유동성을 고려해서 5분씩 겹치게 시간을 편성할 수 있도록 안내했다. 처음에는 다소 혼란스러웠지만, 훈련이 끝나갈 즈음에는 원활하게 운영될 수 있었다. 생도생활점검(이하 '생생점')이 있는 날에는 샤워장 청소 담당 생도들을 위해 빠르게 샤워를 끝내주고 생생점 이후로 샤워를 미뤄주는 동기들을 보며 서로를 위하는 생도생활의 의미를 되찾을 수 있었다.

훈련에서는 우리 기수의 최상의 모습을 보여주기 위해 노력했다. 출발 전 아침 점호 간에는 학교에서 준비해 온 자료와 그날그날 훈육요원께 전달받은 사항을 종합해서 준비물과 일정을 다시 한 번 강조하였고, 쉬는 시간이 주어지면 환자 인원을 파악하고 시계를 보며 휴식 종료 3분, 1분 전 시간을 전파하여 제 시간에 훈련이 재개될 수 있도록 했다. 훈련 뒤에는 교장 뒷정리를 했고, 힘이 들어서 걷는지 뛰는지 모를 뜀걸음 중에도 가장 큰 목소리로 구령을 붙였다. 훈련 마지막 날, 기념사진을 촬영한 뒤 교관님과 전투복 부대마크를 교환했다. 나중에 훈육장교님을 통해 듣게 된 이야기지만, 유격훈련을 총괄하신 교관님께서는 나를 '날쌘 다람쥐'라고 부르셨다고 한다. 군사훈련 꼴찌에서 날쌘 다람쥐로의 승격이라니, 내게는 최고의 찬사가 아닐 수 없었다. 손을 흔들며 인사해주신 교관님들과 조교들을 뒤로 하고 앞장서서 걸어가면서, 또 산 하나를 무사히 넘었음에 안도했다.

우리 군사훈련에 함께해주셨던 계획장교님께서는 엄하신 분이었지만, 해박한 군사지식과 카리스마에 늘 존경하는 마음을 품고 있었다. 훈련 간 걱정이 많은 탓에 전달사항에 대해 조금이라도 명확하지 않으면 내가 이해한 내용이 맞는지, 추가적으로 조언해주실 부분이 있는지 먼저 여쭈어보았다. 내가 한 가지를 잘못 전파하면 80명이 넘는 인원들이 번거로워진다는 생각에 늘 확인, 또 확인하는 과정을 거쳤다.

그러던 어느 날, 계획장교님께서 훈련이 끝난 뒤 잠깐 찾아오라고 하셨다. 떨리는 마음으로 메모지와 필기도구, 흙에서 뒹굴어 꼬깃해진 훈련 안내자료를 들고 문을 두드렸다. 그러나 예상과 달리 미소를 띠고 나오신 계획장교님께서는 음료수를 하나 쥐어주시며 지금까지 본 중대장 중에 제일 잘 했다고, 칭찬해주고 싶어서 부르셨다고 하셨다. 떨리는 목소리로 감사 인사를 하고 뒤돌아서서 쥐어주신 캔 음료를 한참이나 바라봤다. 존경하던 분께 인정을 받는 순간은 상상했던 것보다 훨씬 짜릿했다. 부끄럽지만, 그날 침대에서 혼자 눈물도 몇 방울 찔끔 흘렸다. 그때는 전하지 못했지만 정말 감사하다고, 그 한마디 덕분에 더 멋있는 사람이 되고 싶어졌다고 말씀드리고 싶다.

계획대로 되는 것은 하나도 없었던 나날들 속에서, 어쩌면 나를 이끌어 준 것은 8할이 걱정이었다. 그래서 조금은, 나의 결점도 사랑해 주기로 했다. 그 고생을 알고 다독여주는 유일한 친구가 되기로 했다.

📝 사람과 사랑의 힘

차기 명예위원장으로 선출된 후 가장 먼저 맡은 임무는 67기 기초 군사훈련 중대의 명예위원장 생도로서 예비생도들을 지도하는 일이었다. 폭풍 같았던 수도권 실습과 재난간호 훈련을 마친 뒤의 꿀 같은 방학을 반납하고 진행된 한 달여의 여정이었다.

교수님께 '지도생도님들도 웃을 줄 아는 사람들이냐'며 조심스레 질문했던 아이들은, 어쩌면 우리가 그들보다 더 긴장하고 인내하며 간절하게 만남을 기다려 왔다는 사실을 까맣게 모를 것 같다. 91명의 피복과 보급품을 준비하고, 교육안을 작성한 뒤 여러 번의 수정을 거쳤다.

군사훈련 지침서를 끼고 다니면서 예비생도들이 어렵게 느낄만한 단어들을 쉬운 단어로 바꾸기 위해 머리를 싸맸다. 매일 전투복 체력단련을 하고 통일된 제식과 생활수칙을 만들었다. 군가 교육을 위해 노래를 불러가며 자체 음원을 만들기도 하고, 오래되어 벗겨지지도 않는 타일 틈의 곰팡이를 솔로 문질러 가며 화장실 청소를 했다. 수백 벌의 전투복과 수십 가지의 보급품들을 정리하면서도, 그 누구 하나 불평하지 않았다. 각자가 맡을 업무의 분량을 자진해서 나누어 가져갔고, 각 업무 공간에는 문제가 생겼을 때 바로 조치를 취할 수 있도록 총괄하는 인원이 자연스럽게 배치됐다. 손이 남는 사람들은 말없이 아직 끝나지 않은 업무를 함께했다. 3년간의 생도 생활로 익힌 우리만의 자연스러운 체계 속에서 67기 예비생도들을 맞을 준비는 생각보다 원활하게 종료됐다. 말하지 않아도 아는 우리만의 약속을 공유하는 귀한 존재가 있다는 사실이 감사하게 느껴지는 순간이었다.

예비생도들과 처음 마주하던 날은 칼날같은 바람이 옷깃을 스치는 유난히 추운 날이었다. 야외에서 코로나 검사 보조 임무를 수행하며 손 소독제를 바를 때마다 온몸에 오소소 한기가 돌았다. 야외에 책상을 여러 개 붙여 설치한 간이 등록처 앞에서는 앳된 얼굴에 똑단발을 한 아이들이 부모님과 마지막 인사를 나눴다. 멀어져가는 자녀의 뒷모습에 눈시울을 붉히던 부모님을 보며 아직 한없이 부족한 내가 과연 이들을 교육할 자격이 있는지 생각했다. 나는 당신께서 사랑으로 키운 자녀를 힘들게만 하는 악역이 되는 것은 아닐까. 애타는 눈빛들을 마음에 하나씩 주워 담으며 다짐했다. 힘들게 견뎌온 모든 날들이 결국은 사랑이었다고 느낄 수 있도록 매 순간 진심을 다하겠다고. 스스로 성장했다고 느낄 수 있도록 정성을 다하겠다고.

졸린 눈으로 차가운 새벽을 깨우고 지친 몸으로 밤을 지새던 한 달의 여정은 늘 나를 시험에 들게 했다. 그럼에도 불구하고 매 순간이 의미를 가졌던 이유는 힘들수록 서로를 위하던 동기들의 따뜻한 마음과 매일 나를 자라게 했던 예비생도들의 열정 덕분이었다. 내 삶의 이유가 되었던 사랑과 언젠가는 꼭 닮고 싶었던 빛나는 눈빛의 파도 속에서 나는 내가 이 곳에 꼭 있어야 할 이유를 끝내 찾아내고야 말았다.

  나에게 할당된 몇 장의 페이지에 롤러코스터처럼 하루에도 몇 번씩 오르내렸던 크고 작은 감정을 전부 담아낼 수 없는 것이 못내 아쉽다. 조금 더 기다려주지 못하고 다그쳐야만 했던 미안함, 가족과의 통화에서 눈물을 애써 참는 예비생도들을 보며 느꼈던 안타까움, 백합의 식에서 백합을 받으며 멋진 사관생도가 되겠다고 외치던 목소리에 가득 담겼던 씩씩함, 선배 생도들에게 예모깃을 수여받으며 말갛게 웃는 얼굴에 서려있던 벅참까지.

  추위로 하얗게 튼 입술에 아끼던 립밤을 꺼내어 발라주고, 길이 들지 않아 어딘가 어색한 정복 옷매무새를 매만져주느라 추운 줄 모르고 뛰어다녔던 67기의 입학식 날까지도 나는 폭풍같은 감정의 소용돌이 속에서 헤엄치고 있었다. 마냥 다그치기만 한 후배들에게 못내 들었던 미안한 마음을 아는지 모르는지 예쁘게 웃으며 같이 사진을 찍자고 다가오는 67기 생도들을 보며 괜시리 나오려는 눈물을 참았다. 추운 날씨에 고생 많았다고 말씀하시며 안아주시던 학부모님 앞에서도 애써 덤덤하게 정모를 눌러썼다. 지금 생각해보면 그분들께는 나도 한낱 딸 같은 어린 학생이었을텐데, 점잖은 척 하는 나의 모습이 꽤나 우습지는 않았을까 싶기도 하다. 어느새 멋지게 성장하여 위풍당당 걸어가는 67기 '사관생도'들을 도열해주면서, 명예위원장으로서 주어진 첫 임무는 막을 내렸다. 물론 더 파란만장할 1년의 시작일 뿐이었지만 말이다.

매일 같은 일상 속에서도 나를 매일 울고 웃게 한 생도생활이라는 책의 마지막 문장으로 담고 싶은 말은,

우리의 하루를 살게 하는 것이 아주 대단한 것이 아닐 수 있다는 거다.

결국 살아간다는 것은 사람을 사랑하는 일인지도 모르겠다는 거다.

어쩌다보니 국군간호사관학교 생도가 되었지만 그 과정에서 진짜 나를 찾아가는 중이다. 주변을 배려하는 것이 일상이지만 그 누구보다도 나를 가장 사랑한다. '내가 할 수 있는 일이라면 열심히 하자. 뭐 어쩌겠어, 해내야지.'라는 마음으로 단단하지만 다정한 사람이 되고 싶다. 현재는 능력 있고 따뜻한 간호사가 되는 것이 목표이다. 언제나 내 사람들, 그리고 나를 가장 생각하는 사람.

"나 자신을 바꿔 생도임이 자랑스러워지기까지"

1. '어쩌다 보니' 국군간호사관학교 생도

평범한 고등학생이던 내가 국군간호사관학교를 오게 된 건 사소한 계기였을지도 모른다. 사관학교 시험을 준비하던 시기에 나는 국군간호사관학교의 고교방문 홍보를 듣게 되었다. 생각보다 많은 장점, 그리고 선배님의 멋있는 정복이 내가 국군간호사관학교 시험을 보게 했던 것 같다. 그렇게 1차 시험을 보고, 면접과 체력검정을 포함한 2차 시험까지 본 나는 국군간호사관학교에 최종합격을 통보받았다.

📝 유일하게 나를 축하해줬던 합격통지서

국군간호사관학교는 가입학 전 합격자들을 대상으로 학교 소개를 진행했다. 집에서 대전으로 내려가면서 내 얼굴에는 먹구름이 가득이었다. 그도 그럴 것이 그때는 내가 희망하는 대학교에 모두 떨어졌다는 우울함이 가득하던 시기였다. 그렇게 실패감과 좌절감에 젖은 상태로 학교 소개를 들으러 갔다. 학교에 대한 소개에 앞서 학생들은 기념품과 합격통지서를 받았다. 그 합격통지서를 펼쳐보았을 때, 유일하게 축하받는 기분이 들었다. 내가 처음으로 받은 합격통지서였고, 그 유일한 합격통지서가 그 당시 나에게는 정말 멋있고 화려하게만 보였다. '내가 그래도 이 학교에는 합격했구나, 나의 합격을 축하해주는 곳도 있구나'를 느끼고, 반복된 좌절로 바닥이었던 내 자존감이 잠시나마 높아지는 기분을 느끼며 이 학교를 가야겠다고 다짐했다. 내가 국군간호사관학교를 가겠다고 했을 때, 주변의 반응은 둘로 나뉘었다. 대부분은 합격에 대한 축하, 그리고 군인의 길을 걷겠다고 한 것에 대한 존경의 마음을 표해주었다. 장교라는 안정적인 직업과 간호사라는 전문직을 같이 할 수 있다는 것에 대한 부러운 마음을 보였다. 하지만 국군간호사관학교가 어떤 곳인지도 모르던 사람들도 있었다. 그럴 때마다 나는 이 학교가 어떤 곳인지, 간호장교가 무엇인지 설명해주었지만, 정작 나도 정확히 어떤 것을 배우고 경험하는지는 잘 모르는 상태였다.

✏️ 여기가 군대라고요?

앞서 말한 것처럼 나는 이 학교에 대해서 잘 모르는 상태였다. 가입학 당일, 나는 가족과 함께 학교로 갔다. 한 명 한 명 학생들 이름을 부르더니 짐을 모두 챙겨서 단상 위로 올라오라고 했다. 그러고는 큰절을 시키더니 지도생도들이 그대로 우리를 데리고 나갔다. 나는 가족들과 제대로 된 인사도 하지 못한 채, 기초군사훈련을 받으러 떠난 것이다. 전투복과 전투화, 하나부터 열까지 처음 보는 것들을 어떻게 사용하는지 배우는 것을 시작으로 본격적인 훈련이 시작되었다. 불행인지 다행인지, 나는 학교와 이 훈련에 대해 전혀 모르고 들어왔기 때문에 '원래 이렇게 하는 것인가?' 하면서 시키는 것을 정말 열심히 따랐다. 불평불만을 가질 틈도 없었고, 힘들어서 집에 가고 싶다는 생각도 들지 않았던 것 같다. 사격, 행군, 뜀걸음, 제식, 분열, 다 처음 해보는 것이어서 배우고 따라가는 것에 급급했다. 그러다 보니 처음에는 어색했던 차렷 자세도, 엉망이었던 경례 자세도, 기본적인 목소리와 태도 모두 군인이 되어가는 것을 볼 수 있었다. 그 과정이 쉽지만은 않았다. 가장 힘들었던 순간은 사격 훈련을 하면서 PRI 훈련을 했을 때였다. 그날은 온몸이 부서질 것 같았고, 지도생도들은 왜 우리를 힘들게 하는가 원망했다. 3, 4주 차쯤 되었을 때는 매일 밤 화장실에 가서 혼자 울었다. 정신적, 신체적 한계였다. 지금 생각해보면 이 모든 것을 내가 아무것도 모르고 들어왔기 때문에 견딜 수 있지 않았을까 생각하기도 한다.

✏️ 우리는 한 가족 팔도 사나이

국군간호사관학교에 입학하고 신기했던 경험 중 하나는 태어나서 처음으로 다양한 사람들을 만난 것이었다. 기초군사훈련을 함께했던 호실원들은 광주, 부산, 울산, 태국 등 다양한 지역 출신 생도들이었다. 성격도 가지각색이었다. 기숙사가 처음이고 가족이 아닌 누군가와 생활공간을 공유하는 것이 처음인 나에게 갑작스러운 8명의 룸메이트는 적응이 쉽지만은 않았다. 낯선 사람과의 동침, 낯선 사람과의 협동, 낯선 사람들과 함께하는 궂은 훈련은 내게 참 어려웠다. 새로운 누군가와 친해지는 것을 어려워하던 나는 1학년 때 단체생활이 가장 버거웠다. 군대는 통일성을 강조하는 곳이다. 서로 다른 90명의 동기들이 하나로 통일되는 것은 쉽지 않았고, 그 과정에서 나는 스트레스를 많이 받았다. 하지만 시간이 지난 후 나에게 필요한 건 사람을 있는 그대로 받아들이는 것이었다는 것을 깨달았다. 그동안의 나는 내가 하는 방식이 옳고, 다른 사람을 경계하며 나에게 맞추는 것을 강요했다. 그 과정에서 불필요한 스트레스를 받았고, 사고방식에 변화를 주었다. 내가 틀렸을 수도 있으며, 상대방의 의견도 의미가 있음을 받아들였다. 다양한 관점에서 바라보면 내가 아는 방법보다 더 효율적이고 효과적인 방안이 나올 수 있다. 상대방의 의견이 나와 다르다고 모두 틀린 것이 아니다. 그리고 '그럴 수 있지'라는 말을 계속 되새겼다. 사람의 다양성을 존중하고 이해하면서 내가 과거에 가지고 있던 강박을 내려놓게 되었다. 다른 사람을 나에게 맞추려고 노력했던 과거와 달리 다른 사람들 사이에 자연스럽게 어울리는 방법을 배웠다. 어찌됐든 우리는 미래를 함께할 전우이며 유일무이한 64기 동기들이 아니겠는가. 팔도 각지에서 모인 우리 동기들은 내가 세상에 자연스럽게 어우러지는 법을 알려주었다.

2. 국군간호사관학교는 이런 곳!

사관학교와 간호대학, 2가지의 특수한 성격을 가지고 있는 이 학교에서 나는 특별하고도 소중한 경험을 하게 된다. 사관생도이기만 했다면 할 수 없었던 일들과 간호대학생이기만 했다면 경험할 수 없었던 일들을 다 할 수 있다는 것이 나의 20대를 반짝이게 해주었다.

📝 간호실습생, 환자가 되다.

놀랍게도 나는 19년 동안 간호학과는 전혀 생각해보지 않았다. 그래서 입학했을 때 배우는 과목들이 낯설었다. 1학년 때는 기초적인 간호 술기와 병원에 대해 배운다. 새로운 것들을 하나씩 배우고 그걸 직접 실습을 해보니까 학과에 대한 흥미가 생기고 따라 갈 수 있다는 의지가 생겼다. 그렇게 기본기를 다지고 전공과목을 본격적으로 시작하는 2학년이 되기 전 겨울, 나는 갑작스럽게 수술을 하게 되었다. 우연한 계기로 검진을 하던 중 발견한 뱃속 지름 20cm의 혹 때문이었다. 증상도 없었고 단순히 뱃살이겠거니 생각했던 것이 점점 자라나고 있는 혹이었다고 하니 당황스러웠다. 충격이 너무 컸는지 아니면 큰일이 아닐 것이라는 확신 때문이었는지 나는 크게 걱정하지 않았다. 가족과 훈육 요원께 알리자 다들 나보다 더 놀라고 걱정하셨다. 그들의 걱정을 줄이기 위해 나는 애써 태연하고 괜찮은 척을 했다. 혹의 모양 자체는 문제없어 보이지만 크기가 너무 컸던 탓에 혹시나 악성종양일까 싶어서 모든 검사부터 수술까지 빠르게 진행되었다. 겨울 휴가 시작 직후 나는 병원에 입원하였고, 수술을 진행했다. 입원 생활은 코로나로 면회가 되지 않아 외로웠다. 혼자 있는 나를 간호사 선생님께서 입원생활에 대해서 잘 설명해주고 수술 전후로 상태를 살피며 여러 가지를 도와주셨다. 수술 후 마취가 풀리고 조기이상을 하며 회복하고 있었는데, 너무 무리하였던 것인지 퇴원 전날 밤에 수술 부위를 포함한 온몸에 통증이 심했다. 그래서 간호사 선생님을 불러 진통제를 원한다고 했는데 이미 정맥 주삿바늘을 다 뺀 상태여서 주사를 다시 놔야 하는데 괜찮겠냐고 했다. 간호사를 번거롭게 하는 것 같아서 참아 보겠다고 하였는데 그 후로도 계속 아파서 결국 근육주사로 진통제를 맞았다. 아파서 울고불고 하면서도 정맥주사를 다시 놓기를 곤란해하는 간호사 선생님을 보았을 때 나의 마음은 은근슬쩍 불편해졌다. 3, 4일의 입원 기간에 나는 따뜻함과 불편함을 동시에 느꼈다. 병원 실습도 해보고 간호학에 대해 많은 것들을 배운 지금에서 생각해보면 간호사께서 곤란하셨던 이유도 충분히 이해가 간다. 하지만 그 당시에 나는 조금은 서운했던 모양이다. 입원했을 때의 경험이 나의 간호사로서의 신념을 가지게 했다. 내가 받았던 것만큼 따뜻하게 환자를 대하는 간호사가 되자, 환자를 우선시하며 상태가 어떤지 더 자주 자세히 들여다보자, 환자와 보호자에게 항상 다정한 간호사가 되자. 환자의 입장을 경험하고 입원을 해보니까, 이후에 전공 과목을 배우면서 그때를 떠올리며 쉽게 이해하고 익힐 수 있었다. 전공 과목을 공부하는 것이 너무 재밌었고, 실습을 하면서도 입원 경험을 떠올리며 환자들에게 더 다가가고 공감할 수 있었다.

국군간호사관생도로서 태국을 가다

우리 학교에는 '발전기금 생도 해외 견학'이라는 프로그램이 있다. 발전기금으로 해외의 타 간호사관학교 및 사관학교들과 교류하는 프로그램이다. 고등학교 시절부터 교환 학생을 꼭 해보고 싶어서 1학년 때부터 해외 견학 프로그램에 지원했다. 하지만 코로나로 인해 해외로 나가는 것이 불가능하게 되었다. 해외여행 제한이 풀린 후 다시 신청했고 감사하게도 선발되었다. 2022년 11월, 같이 선발된 8명의 생도, 교수님 2분과 함께 우리는 태국으로 향했다. 국군간호사관학교에 한 기수에 한 명씩 태국 수탁생도가 오는데, 졸업한 태국 수탁생도 선배님께서 우리의 해외 견학을 많이 도와주셨다. 태국 공군간호사관학교에서 머물며 육군 간호사관학교, 해군 간호사관학교, 각 군 병원, 공군사관학교를 견학했다. 우리 학교 생도들과 태국 공군간호사관학교 생도들이 한 명씩 짝을 지어 버디를 하게 되었다. 우리가 간 시점이 태국에서 아주 큰 행사인 러이크루통이 있던 때였다. 우리는 버디의 도움을 받아 태국 전통 옷을 입고 함께 행사에도 참여하고 야시장도 가며 추억을 쌓았다. 우리나라는 간호사관학교가 1개이고 졸업하면서 해군 간호장교와 공군 간호장교가 4~5명 정해지지만 태국은 공군, 해군, 육군 간호사관학교가 따로 존재하고 각 군에 적용할 수 있는 다양한 훈련 및 공부를 한다는 것이 인상 깊었다. 우리나라의 군 의료도 비슷한 방향으로 발전하면 좋을 것 같다. 또 태국은 군 병원을 민간인도 쓸 수 있으며 고압산소치료, 암 전문 치료 등 특수치료시설도 잘 갖추어져 있다. 군 병원이 그 지역에서 가장 크고 전문적이며 사람들에게 신뢰받는 병원인 것이 우리가 본받아야 하는 점이라고 생각했다. 태국의 문화와 군대, 간호병과를 경험하면서 앞으로 나 자신과 우리 군 병원의 발전 방향에 대한 시야를 넓힐 수 있었다. 태국에서 나의 버디였던 생도는 4학년 군사 학기에 외국군 생도초청으로 한국에서 다시 만나게 되었다. 못 볼 줄 알았던 친구를 좋은 기회로 다시 만나 너무 행복했다. 육군사관학교와 공군사관학교, 국군수도병원 외상센터 등을 견학하고 돌아온 외국군 생도들과 일과 후 시간을 함께 보냈다. 함께 피엑스도 가서 과자와 라면을 사서 같이 먹고, 수박 화채도 먹으면서 추억을 쌓았다. 함께하는 기간 동안 태국 공군간호사관학교 생도들과 룸메이트를 했는데 3학년 때 태국에서 친해졌던 친구들이어서 너무 재밌는 시간을 보냈다. 군사 학기의 마지막 군 간호학 종합훈련에는 외국군 생도들이 참관하였다. 우리가 열심히 준비한 훈련 모습을 외국군 생도들에게 보여주며 우리 군간호학에 대한 자부심을 갖게 되었다. 태국 생도들은 마지막 날 점심시간에 급하게 떠났다. 군사 학기여서 더 많이 챙겨주지 못해서 미안한 마음과 함께 보낸 시간이 짧아 아쉬움이 크게 느껴졌다. 다음에 꼭 태국과 한국에서 만날 것을 약속했다. 소중한 인연과 소중한 경험을 가능하게 해준 학교에 감사했다.

3. 생도라서 참 좋다!

 기숙사도, 옷도, 밥도 모두 국비로 지원이 되며 품위 유지비까지 주는 학교! 취업 보장까지 되니 장점이 참 많은 학교다. 하지만 그만큼 자유를 누리지 못하고, 하는 일, 해야 하는 일도 많아 절대 쉽지 않은 길이다. 고등학교를 갓 졸업한 20대 초반에게 자유는 꽤 소중했을 텐데도 내가 생도로 남아있는 이유가 무엇일까?

자랑스러운 국군의 한 명으로서

 10월 1일은 국군의 날로 이를 기념하는 행사를 한다. 그 행사에는 사관학교 제대로 참가하기에 우리 학교도 참여하였다. 1, 2학년 때, 나는 키가 작았음에도 추가 인원으로 지원할만큼 제대에 참여하고 싶었으나 안타깝게도 코로나로 인해 취소되었다. 그러던 중 3학년 때 드디어 우리 64기를 중심으로 제대를 만들어 계룡대에서 하는 국군의 날 행사에 참여하였다. 특전사, 기수단, 군악대, 특수부대, 의장대, 각 군 사관학교 등 많은 군인과 각종 장비가 한자리에 모이는 현장이 아직도 눈에 선할 정도로 인상 깊었다. 쉬는 시간에 타 부대 인원들과 서로 이야기하면서 타 부대는 어떤 훈련을 하는지를 공유하기도 했다. 국군의 날 행사 준비는 정말 쉽지 않았다. 가을이었음에도 뜨거운 햇볕과 바람 한 점 없는 날씨에 전투화 또는 예화를 신고 몇 시간을 서 있는 연습은 모두를 지치게 했다. 미처 선크림을 바르지 못한 귀는 새까맣게 탔다. 그런데도 우리는 꿋꿋하게 서서 연습을 했으며, 여러 번의 사열을 하면서 행사를 준비했다. 행사 당일은 전날 실전처럼 예행연습을 했던 덕분인지 생각보다 긴장되지 않았다. 우리 학교 제대가 입장하고 수없이 연습했던 행사가 식순에 맞추어 시작되었다. 행사 진행은 순조롭게 진행되었다. 내가 국군의 한 명으로서 제대에 참여해 국군의 강함을 보여주고 위상을 높였음에 뿌듯했고, 그동안 연습했던 행사를 성공적으로 마친 것에 대해 후련함이 밀려왔다. 힘들었음에도 의미 있었고, 다시 한번 내가 군인임을 마음에 새길 수 있었다.

군기의 상징! 인사참모

인사, 정보, 작전, 군수, 체육의 5개 분야에서 참모의 역할을 맡는 생도들이 있다. 나는 3학년 때 인사참모보좌관 역할을 맡았다. 생도의 외출, 외박 등 복지와 관련한 일을 하고, 생도들이 예규와 규정에 맞는 생활을 하도록 올바른 방향을 제시한다. 예규에 맞는 생활을 하도록 지도하는 역할이어서 생도들에게 쓴 소리를 하게 되는 경우가 많다.

뿐만 아니라 생도대 내에서 일어난 사건사고에 대해서 객관적으로 바라보며 인사참모들과 논의하는 일을 했다. 성격상 미운 소리를 잘 못했기 때문에 후배 생도들을 지도하는 방법을 많은 고민을 했다. 그래서 잘못한 것에 대해 혼내기보다는 그 행동이 왜 잘못된 것인지와 무엇이 옳은 것인지를 알려주며 이해시키려는 노력을 많이 기울였다. 또 후배 생도들이 보고 배울 수 있도록 언제나 예규에 따른 바른 행동을 하려고 항상 신경을 썼다. 인사참모의 역할에 루틴 업무가 많고 훈육요원에게 보고를 드려야 할 일이 많아 아침시간부터 저녁까지 시간을 알뜰하게 쓰고, 부지런히 살았다. 내 모든 생도생활 중 가장 바쁘고 부지런히 살았던 시간이었던 것 같다. 나를 잘 따라와 준 후배 생도들에게 고마웠다. 학기가 바뀌고 나의 인사참모보좌관 역할을 마치며 이 역할을 잘 해낸 것인가라는 생각이 들었다. 생도들에게 가장 중요한 복지와 규정에 관한 내용을 다루기 때문에 더 신중해야 했으며, 객관적이면서도 상황을 파악해야 하는 과정이 쉽지만은 않았기 때문에 실수했던 부분이 많았을 것이다. 그런 실수들이 누군가에게는 상처가 되지 않았는지, 내 행동이 옳았던 것인지 되돌아보게 되었다. 4학년이 된 후 지휘근무 선출이 있을 때, 몇몇 후배 생도들이 나를 지휘근무로 추천해주었다. 인사참모보좌관을 하며 지도했던 부분에서 많이 배웠고, 고마웠다고 하며 추천해주는 그 후배 생도 덕분에 그래도 내가 나쁘지 않은 인사참모였음에 뿌듯함을 느꼈다.

생도임이 자랑스러워지기까지

내가 생도인 것이 처음부터 자랑스러웠던 건 아니다. 생각보다 우리 학교를 아는 사람은 적었다. 1, 2학년 때 모교홍보를 위해 고등학교 진학담당 선생님께 연락을 드렸을 때, 국군간호사관학교를 잘 알지 못하셨다. 우리 학교에 대해 잘 모르는 사람에게 홍보를 하고 설명을 하려니 민망하기도 했고, 내가 생도임을 숨기게 되는 경우도 많았다. 여자가 군인으로 훈련을 하는 것에 대해서 부정적으로 표현하는 사람들도 많아 우리도 똑같이 훈련을 다 받는다고 일일이 설명하는 것도 나름의 일이었다. 외면의 나를 알아주지 않으니 내면의 나도 작아지고 하찮아지는 듯했다. 학교에서는 항상 우리에게 진정한 명예는 외면이 아니라 자신의 내면에서 나오는 것이며, 그 내면의 힘을 키워 나만의 명예를 지키는 것이 중요하다고 했다. 그리고 내면의 힘이 중요하다는 것을 나도 느끼게 된다. 여러 번의 슬럼프를 겪으면서 '나'라는 사람에 대해서 알게 되고, 국군간호사관학교에서 내가 어떻게 해야 하는지를 고민하고 찾아가면서 내 안에서 나의 의미가 또렷해져갔다. 그러다보니 주변에서 뭐라고 하던 나는 이 학교의 한명의 학생이자 생도이고, 그 사실 하나로 하루하루 차근차근 살다보니 자부심을 느끼게 되는 것 같다. 누군가 내 학교를 물어볼 때 나라와 국민을 지키는 간호장교가 되기 위해 배우는 학교라고 당당히 얘기하게 되었다. 외면이 아니라 내면에서 '생도인 나'를 자랑스러워하게 되었다.

4. 반짝이는 내 추억들

📝 난생처음 받아보는, 과분한 생일 축하

우리 학교에 입학하면 아침에 눈 뜨고부터 잠들기 전까지 온종일, 많은 사람에게 생일 축하를 받을 수 있다. 생일날 아침, 기상 방송으로 방송국원 생도가 읽어주는 생일축하 멘트를 들으며 하루를 시작한다. 학과출장을 하면서는 중대원들이 생일 축하 노래를 불러준다. 아침 방송과 생일 축하 노래로 오늘이 나의 생일이었던 것을 몰랐던 사람들도 알게 되고, 지나가면서 생일 축하한다는 한마디를 해준다. 일과가 끝난 후에는 내 라인 생도들이 와서 축하해준다. 케이크와 함께 소소하게 생일파티를 한다. 저녁점호 때 다시 한번 전 중대원의 생일축하 노래를 들으며 선물 뽑기를 진행하는데, 이때 선물은 '생일자 사진으로 중대원 프로필 사진 바꾸기', '아침 식사 우선권' 등 중대 내에서 진행할 수 있는 작은 이벤트다. 1학년 때는 입학 전과는 비교도 할 수 없을 만큼 많은 사람에게 축하를 받는 것에 놀라웠다. 00시가 되자마자 우리 호실로 와서 축하해주던 동기들, 학과출장 집합하면서 생일 축하한다고 말해주는 선배 생도들, 저녁 점호 때 선물 뽑기와 기념사진

촬영까지. 이렇게까지 축하받은 것이 처음이라 마냥 신나기만 했다. 2, 3, 4학년 때는 내 생일을 축하해주는 모든 사람에게 감사한 마음이 컸다. 나조차도 내 생일을 잊을 만큼 바쁜 생도 생활 속에서도 지나가면서 말 한마디 건네고 선물을 준비해주는 것이 쉬운 일은 아니었음에도 나를 위해 신경 써주는 것이 고마웠다. 아마 이 학교를 졸업하게 되면 눈 뜨자마자부터 생일 축하를 받던 그 순간이 그리워질지도 모르겠다.

📝 추석과 크리스마스를 생도대와 함께!

코로나로 외출외박이 제한되면서 우리는 2년 동안의 크리스마스와 추석을 학교에서 보냈다. 가족과 함께 지내야 할 추석을, 캐롤을 들으며 반짝이는 거리를 걸어야 할 크리스마스를 생도대에 있어서 가족과 보내지 못하는 게 아쉽고도 속상했다. 그럼에도 동기들과 추억에 남을 만한 여러 활동을 기획했다. 추석에는 훈육관님께서 전을 부쳐 먹을 수 있게 준비해주셨다. 가족들과 추석을 함께 하지 못하더라도 추석의 분위기를 느낄 수 있어서 정겨웠고, 준비해주신 훈육관님께 감사했다. 크리스마스 시즌에는 브릿지에 큰 트리가 설치된다. 그 트리 앞에서 동기들과 사진을 찍으며 크리스마스 분위기를 즐겼다. 기초군사훈련을 함께했던 호실원이랑 크리스마스 파티를 하기도 했다. 그 당시 코로나로 인해 일시적으로 허용되던 음식 배달로 피자와 치킨,

그리고 케이크를 주문하여 다 같이 먹었다. '쓸모 없는 선물 교환식'도 했는데, 서로에게 쓸모가 없을 것 같은 선물들을 준비해 교환하는 것이었다. 음주측정기, 왼손잡이용 4세 젓가락 등 생각지도 못한 기상천외한 선물들이 나왔고, 선물들을 하나씩 풀어보면서 배꼽 빠지게 웃었다. 외출외박이 가능했다면 친한 동기들, 혹은 라인 선후배들과 함께 나가서 사진을 찍는데 그게 불가능했었다. 그래서 학교에서 작은 사진관을 운영했다. 추석이나 크리스마스와 같은 휴일에 시간을 예약해서 촬영을 하였다. 기초군사훈련 때 같은 호실원들과 같이 사진을 찍었다. 함께 전투복을 맞춰 입고 재밌고도 귀여운 포즈를 취했다. 그 사진은 또 다른 나의 가족사진이 되어 내게 소중한 보물이 되었다.

애국심을 키우자, 국토순례

매년 학년별로 동기들과 국토순례를 간다. 나는 기상 악화와 코로나로 1,2학년때의 국토순례는 제대로 가지 못했다. 3학년 때는 제주도를 갔다. 가장 기억에 남는 것은 동기들과 한라산을 등반했던 것이다. 사실 나는 등반을 즐기지 않는다. 그 높은 한라산을 과연 내가 정상을 찍고 내려올 수 있을까, 많이 힘들진 않을지 걱정을 했다. 아침에 물과 김밥을 챙겨서 등산을 시작했다. 동기들과 이런저런 얘기하고 힘들 때는 같이 쉬어가면서 각자의 속도에 맞춰 올라갔다. 올라가면 올라갈수록 주변의 풍경이 바뀌는 것이 인상적이었다. 멀기만 했던 정상이 눈에 보이기 시작할 때에 다리가 후들거렸지만 그래도 정상을 찍기 위해 조금 더 힘을 내서 올라갔다. 한라산 정상에 올랐을 때 그 뿌듯함과 성취감은 아직까지도 잊을 수가 없다. 하지만 나에게 한라산의 정상에 올라가는 것보다 내려오는 것이 더 힘들었다. 이미 후들거리는 다리에 애써 힘을 주느라 더 많은 에너지 소모되었다. 포기하고 싶어도 내가 직접 내려가지 않으면 등산을 끝낼 수 없으니 겨우겨우 내려갔다. 그렇게 힘들 때 잠시 바닥에서 눈을 떼면 제주 바다와 나무, 산의 풍경이 너무 아름다워서 힘을 얻었다. 지칠 때는 천천히, 에너지가 있을 때는 또 속도를 내서 내려갔다. 내 옆을 지나가는 동기들과 응원의 말을 한마디씩 하면서 차근차근 내려가니 끝이 보였다. 등산을 즐기지 않던 내가 동기들과의 국토순례를 기회삼아 한라산 등반을 도전하고 성공했다는 것이 나의 자존감을 높여주었다. 힘든 일이 있거나 많은 에너지 소모가 예상되는 일이 생기면 '한라산도 등반했던 나인데, 이 정도도 못하겠어. 당연히 할 수 있지'라는 마인드로 모든 일을 버틸 수 있게 되었다. 80명이 넘는 동기들과 국토순례를 가고 단체 식사를 하는 등 많은 인원과 활동을 하는 것이 쉬운 일은 아니다. 학교와 생도대가 아닌 곳에서 동기들과 추억을 쌓을 수 있음에 감사함을 느꼈다.

5. 나를 극복하게 해주는 힘

4학년 1학기가 거의 끝나가는 지금 시점에서 돌아보면, 한순간도 가볍게 넘어간 순간이 없었다. 그 순간을 어떻게든 버텨낸 나 자신이, 그리고 내 동기들이 참 기특하다고 생각한다. 1학년부터 4학년까지, 나는 하루하루에 적응하며 보내왔고, 그래서인지 나의 슬럼프와 극복기를 '적응기'로 정의할 수 있다.

✎ 코로나와 공생하게 된 우리

나의 적응기 중 가장 큰 것은 코로나 적응기였다. 기초군사훈련을 위해 가입학하기 직전 중국에서 신송감염병이 발병했다는 소식을 접했다. 훈련 도중 가족과 친구들이 써준 인터넷 편지에서 국내 확진자가 20명, 100명, 점점 늘고 있다는 소식을 들었다. 정신없이 기초군사훈련을 끝내고 난 후, 우리는 본격적으로 마스크를 쓰기 시작했다. 감염병이 확산되던 시기에 학교에만 있던 우리는 어쩌다 보니 역격리를 당하게 되었다. 이후 상급 생도들과 중대를 꾸리고 생활하면서도 항상 마스크를 착용했고, 거리두기를 했고, 식사마저도 칸막이로 둘러싼 적막한 분위기에서 하게 되었다. 서로의 마스크 벗은 얼굴을 기억하기 힘들었고, 같이 모이는 것 자체도 제한되었다. 하지만 이 모든 것들보다 나를 가장 힘들게 하는 것은 방역을 위한 통제였다. 교내 감염병 확산 방지를 위해 외출외박은 모두 제한되었다. 잠깐 나간 외출에서도 어디를, 누구와 언제, 얼마 동안 있었는지를 다 작성해야 했다. 내 일거수일투족이 감시당하는 기분이었다. 외출외박이 제한되는 그 숨 막히는 상황에 감시까지 당하니 정말 코로나 블루가 무엇인지를 경험했던 것 같다. 그래도 학교는 우리를 배려해서 많은 것을 허용해주었다. 나는 외출외박이 제한되는 이 시기에 오히려 동기들과 더 친해지게 되었다. 호실에서 같이 음식을 만들어 먹기도 했고, 많은 추억을 쌓을 수 있었다. 어느덧 나는 이 제한되는 생활에 적응하였다.

📝 하지만, 나 자신은 바꿀 수 있었다

또 다른 적응기는 학교 적응기였다. 군 특성상, 그리고 코로나로 학교 지침이 자주 바뀌었고, 내가 세운 계획은 그에 따라 무용지물이 되었다. 그 당시에는 내가 왜 이렇게 스트레스를 받고 힘들어하는지를 알 수 없었다. 시간이 흐른 후에 생각해보니 나는 안정적인 상황에서 미리 계획하는 것을 선호하는데, 그걸 할 수 없는 상황이 되고 통제할 수 없는 일들이 계속 발생하니까 그것이 나에게 큰 스트레스였다. 나는 내가 바꿀 수 없는 것에 스트레스받기보다는 바꿀 수 있는 것을 바꾸기로 하였다. 학교의 상황을 내가 바꿀 수는 없었다. 하지만, 나 자신은 바꿀 수 있었다. 항상 빽빽하던 계획은 유하게 바꿨고, 계획이 틀어지더라도 무리가 없게 여유시간을 두었다. 학교에 조금씩 적응해가면서 스스로 긴장이 줄어 여유도 생겼다. 지금의 나는 그때에 비해 지침의 변동을 유연하게 받아들이고, 그에 맞춰서 신속하게 계획을 수정하는 능력을 갖추게 되었다. 나름의 적응을 한 것이다. 우리 학교는 매년 하계군사훈련을 실시한다. 기초군사훈련도 했던 나이기에, 입학 후의 훈련은 그다지 힘들지 않으리라 생각했던 나는 훈련을 시작하고 후회하였다. 정말 힘들었다. 명확한 이유는 잘 모르겠지만, 1학년 학교 적응기와 코로나 적응기로 심적으로 힘든 시기에 체력적으로도 힘든 훈련을 시작해서 모든 의지가 떨어졌다는 하는 생각이 들기도 한다. 그래도 지금 여기서 책을 쓰고 있다는 것은 이 훈련에서 낙오하지 않고 무사히 수료했다는 것인데, 그러기까지 많은 동기의 도움이 있었다. 친하던, 친하지 않던, 내가 힘들어하는 순간에 응원해주고 함께 힘들어하던 동기들이 있었다. '동기들이 있었기에 할 수 있었다'라는 말이 그냥 하는 말이 아닌, 정말 혼자였으면 못했을 훈련을 직접적인 도움 없이도 그냥 옆에 있다는 이유만으로도 도움이 되는 것을 느꼈던 것 같다. 1학년 하계군사훈련, 2학년 하계군사훈련, 3학년 유격과 해양간호·항공간호 훈련, 마지막 4학년 군간호 즉응력 훈련까지 모두 그렇게 '함께' 해왔던 것 같다.

병원에서의 나의 역할

2학년 2학기 마지막, 그리고 3학년 때 병원으로 임상 실습을 나가게 된다. 나는 실습이 적성에 맞는 편이었다. 2학년 실습을 하면서는 병원에서 하는 일을 직접 보고 배우는 것이 재밌었고, 많은 환자를 만나서 간호를 도와주는 것이 참 의미 있었다. 학과에서 배운 내용을 임상에서 실제로 적용한다는 것이 신기하기만 했다. 본격적으로 실습을 시작한 3학년 때는 조금 부담이 되었다. 내가 실습생으로 병원에서 할 수 있는 것이 뭘까. 내가 어떤 것을 배울 수 있을까. 처음에는 이것저것 배우려고 병동을 돌아다니기도 했다. 하지만 군 병원의 특성상 민간병원의 환자들에 비해서 크게 도움이 필요한 환자들이 적어 내가 해줄 수 있는 것들이 적었다. 또 병동 내에서도 행정업무, 간호기록업무 등 반복적인 업무를 했기 때문에 내가 할 수 있는 일이 없었다. 그래서인지 내가 이 시간에 뭘 배울 수 있을지, 내가 실습을 하면서 뭘 하고 있는지에 대해 회의감이 들기도 했다. 2학년 때 느꼈던 재미보다는 지루함이 더 많기도 했다. 그래도 실습의 의미를 찾고 싶어서 공부할 것들을 찾아다니기 시작했다. 병동의 물품들이 어디에 있는지 파악하였고, 이 물품은 어디에 쓰는 것인지나 약품의 효능 등을 따로 적어가서 공부했다. 그 덕분인지 간호사 선생님들이 급하게 물품을 찾으실 때, 물품의 위치를 미리 알고있었기에 빠르게 찾아서 가져갈 수 있었다. 또 간호사 선생님들이 질문을 하시거나 여러 가지를 알려주실 때 이해를 빨리할 수 있어서 많이 배울 수 있었다. 이런 상황이 생기면서 스스로 뿌듯하기도 했고, '내가 실습을 하면서 할 수 있는 일'을 찾아내서 실습을 의미 있게 끝낼 수 있었다.

 이런 적응기를 거치면서 내가 포기할 수도 있었던 시기에 포기하지 않고 끝까지 버텼던 이유가 무엇일까. 일단 나는 '나'라는 사람을 너무 좋아한다. 목표를 달성하지 못한 나를 책망하고 모든 잘못의 원인이 나라고 생각하며 항상 나를 채찍질하지만, 그럼에도 나는 나를 너무 아낀다. 나는 내가 상처받지 않기를 바라고, 내가 행복하기를 간절히 바라는 사람이다. 그래서 나를 포기하고 싶지 않아서 어떻게든 극복할 방법을 찾았던 것 같다. 또 다른 힘은 두려움이다. 내가 그 순간에 포기를 하면 모든 것을 잃게 될까봐 무서웠던 것 같았다. 다시 출발할 자신이 없었고, 다른 길을 찾을 힘이 없었다. 나를 아끼는 마음과 포기에 대한 두려움이 정말 칠흑 같은 순간에도 나를 일어서게 했던 것 같다.

김지예

23년간 열심히는 살아왔지만 특별한 목표는 없었다. 어찌저찌 입학한 국군간호사관학교에서 의외의 적성을 찾아 4학년으로 재교중이다. 흔히들 ENTP는 군대와 상극이라 말하는 것처럼 머릿속엔 불만이 넘쳐나지만 표현할 용기는 없어 적당히 포기하며 산다. 가장 좋아하는 것은 맛있는 음식을 먹는 것이다. 나는 오늘도 돈 걱정 없이 마음껏 먹기 위해 일한다.

1. 보이지 않는 새로운 길을 선택하다

나는 일명 '적당히'라는 말로 정의될 수 있다. 이 단어의 사전적 정의는 '정도에 알맞게'. 혹은 '엇비슷하게 요령이 있게'라는 두 가지 뜻이 있다. 두 가지 뜻 중에서 나는 '엇비슷하게 요령이 있게'라는 문장으로 표현할 수 있을 것 같다. 나는 유독 벼락치기를 좋아했다. 벼락치기를 할 때에는 과거의 내가 원망스럽지만 시험이 끝나고 나면, 다른 친구들보다 짧게 고생한 것 같아 역시 할부보다는 일시불이 낫지 싶은 마음에 벼락치기를 못끊었다. 이렇듯 공부를 했지만, 열심히 해야하는 이유는 알지 못했던 사람이었다. 나의 학창시절은 부모님에게 떠밀려 학원에 가고 학원이 끝나면 친구들과 편의점에서 라면과 삼각김밥 세트를 먹으며 소소한 스트레스를 푼 후 집으로 돌아와 밀린 과제를 하고 야식으로 치킨을 먹으며 티비를 보는 삶을 살았다. 자의로 학원을 간 날은 손에 꼽을 정도였고, 친구들이 다 다녔고, 공부를 안한다고 해서 내가 할 수 있는 다른 일도 없었기 때문이다. 내가 주변 사람에게 가장 자주 듣던 말은 "너는 조금만 더하면 더 잘 할 수 있는데 그 조금을 안하는 거 같아"였다. 학원 선생님께서도, 담임 선생님께서도, 부모님에게서도 조금만 더 하면 정말 잘할 거 같은데, 그 조금을 안해서 아쉽다고 한결같이 말하셨다. 지금에서야 사소한 변명을 덧붙여보자면 나는 목표가 없었다. 그렇기 때문에 동기부여가 되지 않았고 그래서 그 조금을 행하지 않았던 것 같다. 나의 학창시절은 적당히 놀고, 적당히 공부하고, 적당히 노력하는 생활의 연속이였다.

마음속에 살며시 피어난 애국심

어느 날 고등학교 3학년 때, 지긋지긋한 굴레에서 벗어나고 싶던 하루였다. 물론 노래방을 간다든가 하는 자신감은 없었기에 단지 친구들을 따라 '간호'사관학교 홍보를 들으러 갔다. 당시 내가 알고 있던 사관학교라고는 육군사관학교와 응답하라 1988에 나왔던 정환이의 공군사관학교가 다였다. 생소했던 '간호사관학교'. 제복을 입은 여생도들이 흥미롭게 느껴졌다. 간호사관학교는 6.25전쟁 중에 부족한 간호사를 양성하기 위해 설립되었고, 전시상황이었기 때문에 간호사의 역할과 더불어 군인의 역할까지 해야했던 것이 지금의 간호장교 체계가 되었다. 한가지 직업군만 하는 것이 아니라 공통점이 없어 보이는 직업군 두가지를 모두 한다니 잘 알지 못했어도 마음속에 존경심이 피어났다. 사관학교 생도들은 내 마음속 한켠에 있었던 애국심을 자극하기에 충분했다. 나는 역사를 너무 좋아해서 사회탐구 선택 과목으로 동아시아사와 세계사를 선택했고, 모의고사 한국사는 만점을 놓쳐본 적이 없었다. 역사를 배우다보면, 한 세대에 꼭 영웅같은 사람들이 등장한다. 우리나라는 굉장히 특이한 역사가 있다. 항상 왕들은 부유하게 살고 백성들에게 수많은 세금을 걷어가 백성들의 삶은 곤혹했다. 그럼에도 나라가 망하면 누구하나 도망가지 않고 나라를 지키기 위해 곡갱이라도 들고나와 싸우는 민족성을 가지고 있다. 이런 일화들을 바탕으로한 여러 독립영화들을 접하면서 내가 그 시대에 살았더라면 어땠을지, 나라를 지키다 목숨을 잃은 수많은 별들에게 감사함을 느끼며 애국심에 전율이 일었다. 항상 그들을 존경해온 나에게 사관학교에 입학하여 나라를 위해 일할 수 있다는 사실은 꽤나 나의호기심을 자극했다.

✏️ 안 되면 되게 하라!

일단 지원은 했지만, 주변에 사관학교를 다니는 사람이 없었고 사관학교 전문학원도 없었기에 아무런 사전조사없이 1차 시험을 준비하며 여름방학을 보냈다. 필기시험은 그동안 준비하던 수능과 크게 다르지 않기에 수능공부와 병행하며 준비했다. 시험날이 되었을 때 처음 본 막대한 수험생의 규모를 보고 살짝 기가 죽었다. 그래도 같은 반 친구들 3명 정도와 같은 고사장에서 시험을 보게되어 한 과목이 끝나면 같이 시험 어땠는지 얘기하며 긴장을 풀었다. 시험이 끝난 후 친구들이 너무 쉬웠다해서 내 점수에 대한 불안함이 커져갔다. 자신있었던 국어와 영어 시험이 끝나고 점심을 부모님과 함께 먹었다. 그나마 자신있는 과목도 엉망으로 본 것 같았는데, 남은 과목이 수학이라니.. 가능성이 전혀 보이지 않아 그만두고 싶은 기분이 목끝까지 차올랐다. 게다가 수학시험은 시험과목 중 가장 길었고, 내가 모르는 수학 문제를 접할 수도 있다는 생각에 암담해졌다. 수학시험 중에는 정말 연필을 굴리면서 이걸 고를지 저걸 고를지 고민하는 시간의 연속이었다. 1차시험 발표날에는 합격했을 거라 기대도 안했지만, 합격했다는 창이 떠서 얼떨떨했다.

그제서야 국군간호사관학교에 진짜 한발짝 가까워진 것을 실감했고 이어지는 2차시험을 준비했다. 2차시험은 크게 체력평가와 면접으로 진행되었다. 운동하는 걸 싫어했던 내가 체력평가에 붙기 위해서는 피나는 노력을 해야했다. 이때 운동하는 사람들이 대단하다고 새삼 뼈저리게 깨달았다. 매일 자신의 한계를 마주하고 넘어서는 사람들은 정신력이 정말 강하구나라는 생각을 하고 나도 그에 맞게 노력했다. 2차시험을 한달 앞두고 체력평가를 대비하기 위해 헬스장 PT도 끊었다. 점심시간만 되면 급식실로 뛰어가던 친구들을 따라갈 체력이 안되어 헉헉될정도로 체력이 최악이었던 나는 2차시험 체력평가를 준비하면서 많이 힘들었고, 울기도 했고 포기하고 싶은 마음이 들었다.

어느 날은 런닝머신을 뛰다가 더 잘해보고 싶은 욕심에 속도를 높였는데 차마 나는 그 속도를 따라가지 못했다. 내 발은 내 마음과 다르게 엇갈렸고 그대로 런닝머신위에서 미끄러져 넘어졌는데, 마침 나를 데리러 오신 엄마가 이 광경을 보고 우시기도 하셨다. 물론 뜀걸음 시

힘 당일에는 나를 걱정하고 있을 부모님 얼굴을 떠올리며 정말 숨이 넘어가며 뛰어 5등을 했다.

2. 군대는 작은 사회: 여기도 사람 사는 곳이다

기초군사훈련을 하던 예비생도일 때는 눈 앞에 있는 것만 바라보고 전체적인 상황이 눈에 들어오지 않았다면, 기초군사훈련이 끝나고 진짜 생도가 되어서 바라봤을 때 느낀 것은 하나였다. 이렇게 엄격하고 빡빡한 곳이지만, 여기도 사람사는 곳이고 하나의 작은 사회구나라는 생각을 했다. 군대는 전투를 하는 사람만 있는 게 아니다. 전투를 지원하는 사람들, 전투를 지휘하는 사람들, 밥을 만드는 사람들, 망가진 물건을 고치는 사람들, 세탁물을 세탁해 주는 사람들, 가르치는 사람들, 배우는 사람들, 종교를 전파하는 사람들, 다친사람을 치료하는 사람들 등 정말 사회가 축소된 것처럼 모든 분야의 사람들이 군대에 존재한다. 간호사관학교에 첫발을 들여 군인으로서의 삶을 시작한 나에게 이 사실은 충격적이었다. 내가 지금까지 가진 군대에 대한 이미지가 부서지는 순간이었다. 이걸 느낀 다음부터는 내가 어떤 위치에 있고 군대에서 어떤 역할을 맡게될 것인지 생각하게 되었다. 그렇게 나는 군대와의 첫만남에서 나를 적응시켜갔다.

"제복이 사람을 만든다"

군대에 와서 달라진 것이 있다면, 내 스스로가 나를 인식하는 것이다. 흔히들 대중교통에서 노약자가 탑승하면 자리를 비켜주는 것이 도덕이라고 한다. 길거리에 쓰레기를 버리지 않는 것, 침을 뱉지 않는 것 등 많은 자잘한 내용들이 어렸을 적부터 도덕이라는 이름으로 지켜야 할 것으로 다가온다. 그러나 우리 사회는 실제로 도덕을 잘 지키는 사람도 있지만 잘 지키지 않는 사람도 있다. 입학하기 전 나의 모습도 그러했다. 대중교통에서 노약자가 탑승하면 눈치를 살살보다가 너무 피곤하면 눈을 감아버리며 피곤한 척을 했던 것 같다.

이랬던 내가 간호사관학교를 입학하고 가장 크게 달라진 점은 도덕적인 사람이 되었다는 것이다. 학교 예규상에는 정복을 입거나 학교를 드러내는 옷을 착용했을 때에는 주먹을 꽉 쥐고, 손에 가방을 제외한 다른 물품들을 소지하지 않으며, 품위를 손상시키는 장소에는 방문할 수 없다는 규정이 있다. 그에 따라 나는 정복을 입었을 때는 대중교통에 자리가 남아있어도 앉지 않았고 펄럭거리며 걷지도 않았다. 정복을 입지 않았을 때도, 지하철에 한 자리에 누군가가 두고 간 먹다 남은 커피가 거슬려 내릴 때 내가 들고 내려서 버렸던 기억이 난다. 굉장히 사소한 일이지만, 나는 그 때 아 내가 변했구나라는 것을 처음으로 인지했다. "자리가 사람을 만든다"라는 말이 있다. 내가 느낀 제복의 힘이 딱 저 문구와 일치했다. 원래 그렇지 않았던 사람도 제복을 입으면 그에 맞는 생활과 덕목을 익히게 되고 생활하게 된다. 처음에 그렇게 시작했던 작은 생활 하나하나가 모여 나를 멋있는 사람으로 만들어주었다.

나는 부모님의 자랑스런 딸

　험난한 사춘기를 거치고 어느새 나도 모르게 성인이 되어버린 나는 이기적인 딸에서 부모님을 고려하는 조금은 성숙해진 딸이 되었다. 간호사관학교를 오게 된 이유 중에 하나는 부모님의 걱정을 덜어드리고 싶었기 때문이었다. 문과 취업난 속에서 서울로 대학을 간다면, 학비부터 자취비까지 들어갈 돈이 눈에 훤했고, 그렇게 대학을 졸업한다해도 또 다시 취업을 위해 노력해야하는 기간과 돈이 눈앞에 명세서처럼 좌라락 그려졌다. 그런 와중에 사관학교는 취업보장과 학비무료라는 사실이 부모님의 부담을 덜어줄 수 있는 최고의 선택지라는 생각을 했다. 물론 저 이유만이 국간사를 선택한 전부는 아니지만, 꽤나 큰 고려사항이었던 것 같기는 하다.

　부모님은 내 입학식 사진을 카카오톡 프로필 사진으로 설정하셨고, 회사동료들에게 기분이 좋으셔서 밥도 여러번 사셨다고 하셨다. 지금도 학교생활 중에 찍었던 나의 많은 사진이 부모님의 카카오톡 사진을 차지하고 있다. 1학년 생도임과 동시에 코로나 상황으로 한학기동안 집에 전혀 가지 못했던 나는 부모님의 자랑스러운 딸이라는 자부심으로 힘든 것을 이겨나갔다. 부모님을 걱정시켜드리기 싫어서 힘든 일은 털어놓지 않았는데, 어떻게 티가 났는지 다 아셨다. 힘들면 힘들다고 전화하고 기쁜 일이 있으면 기쁘다고 전화하면서 힘들었던 생활을 이겨나갔다.

캠퍼스 라이프 With 코로나

2020년은 코로나의 해라고 해도 과언이 아니다. 민간대학교에 진학한 내 친구들은 신입생이었지만 신입생처럼 환영받지 못하고, 앞으로 4년을 함께할 친구들과도 컴퓨터 속 화면으로 만나야 했다. 대학생활을 기대하며 대학 근처에 원룸을 계약한 친구들은 쓰지도 못하는 방, 계속 돈이 나가는 상황을 원망했다. 화상수업이기에 집중력도 떨어지고 자연스레 수업의 질도 저하됐고, 학교에서 하는 다양한 행사들을 전혀 하지 못하는 데도 동일한 등록금으로 인해 불만을 가지게 되었다. 이 와중에 코로나가 발생하기 전에 미리 모여 기초군사훈련을 받아 사회와 격리되었던 사관학교들만 정상적인 학교생활을 할 수 있었고, 코로나와의 접촉을 원천 차단하기 위해 다양한 방안들이 도입되었다. 입학식도 부모님이 오지 않고 라이브방송으로 진행했고 일체의 외출, 외박, 면회가 모두 금지되었다. 내 딴에는 정말 힘들었던 대학생활을 보냈다 생각했지만, 그래도 나에게는 동기들과의 추억이 남았고, 간호사가 되기 위해 열심히 수업을 들었다. 지금은 코로나 유행이 끝나서 모두들 코로나 이전의 삶으로 돌아갔지만, 코로나와 함께했던 대학생활이 인상깊어 나중에도 기억날 것 같다. 학교를 다니는 4년 중에 나는 2020년, 2021년, 2022년까지 3년을 코로나와 함께 보냈다. 사실상 나의 생도생활은 코로나 생활로 정의될 수 있을만큼, 코로나로 변하는 상황에 따라 나의 생활이 변했다. 학년이 중요한게 아니라 코로나 감염자 수가 중요했던 3년의 생활이 지금와서 생각하면 나름대로 즐거웠던 것 같다. 특히 2020년 코로나 대유행시기에 학교에 갓 입학한 나는 60기 선배님들이 대구로 직접 파견을 가는 것을 볼 수 있었다. 갓 입학한 3월의 1학년에게 실제로 국가를 위해 헌신하는 상황을 볼 수 있어서 영광이었고, 나의 삶이 어떤 방향으로 가게 될지, 내가 어떤 마음을 가지며 임무에 임해야 할지를 진지하게 생각하게 되었다.

3. 통일 사관학교

　학교에 다니면서 가장 싫었던 것은 뭐만하면 통일하라는 것이었다. 체육복에는 하얀양말을 신어야 하고, 근무복에는 검정양말, 예복은 다시 하얀양말,,, 사실 이정도의 통일은 복장이 더욱 단정하게 보이기 때문에 수긍할 수 있는 수준이다. 하지만 수업을 들을 때 가방의 위치 통일, 가방문 잠그기, 노트 위치 통일, 필통 위치 통일, 물병 위치 통일과 같은 세부적인 사항까지 통일하는 것은 순응하기 어려웠던 것 같다. 뿐만 아니라 저녁점호시에는 꼭 지정된 체육복을 입어야 하는 것, 입기로 한 날이 지나면 점호시간 집합 전에 다시 방으로 뛰어가서 옷을 갈아입고 나와야 하는 것, 학교에서 구매한 옷을 점호 때 입을 수 없는 것 등 외부사람들은 이해하기 힘든 여러 규정이 생도생활을 옥죄어 왔다. 항상 그럴때마다 나는 왜 이렇게 해야하는 지 도무지 이해가 안되어 불만으로 머리가 가득찼다. 엄격한 통제가 불필요하다고 생각했고, 이렇게 세부적인 통일을 통해 무엇을 얻고자 하는 건지 가늠조차 안됐다.
　지금 생각해보면 아마 복장을 통일하고 세부적인 통일을 규정한 것은 정신상태의 무장을 통해 군기를 기르기 위해서 그랬던 것 같다. 세부적인 사항까지 세세하게 챙기고 따르는 것에서 나조차도 인지 못한 해이해진 마음을 정비하고 집중할 수 있는 상태를 만드는 것이 목적이었던 것 같다. 지침을 이해하지 못하고 그저 따르기만 했던 저학년 생도에서 그 의미를 이해하고 따를 수 있는 4학년 생도가 되기까지 내적으로도, 외적으로도 많은 성장을 이룬 것 같다. 그렇지만 확실히 시대의 변화에 맞추어 개선되어야할 점도 분명히 존재하는 것 같다. 시시각각 변화에 맞추어 규정을 개선하는 것은 어려운 일이나, 지휘하는 사람과 따르는 사람과의 단합을 유도하고 발전을 기대하기 위해서는 꼭 필요한 일이기에 앞으로의 모습을 기대한다.

생도-명예=0

기초군사훈련 때 가장 많이 들었던 말은 "너희가 여고생이야?"라는 말이었다. 사실 우리는 여고생이었다. 졸업식도 아직 하지 않았던 1월에 길던 머리를 단발로 싹둑 잘랐다해서 하루아침에 여고생이 아니게 되는 건 아니니까. 매일매일 지적받으며 모든 행동들은 감시받고 통제받는 삶 속에서 날짜는 무감각해지고 머릿속에는 군기, 군대, 군인 그리고 명예라는 단어만 남게되었다. 그때는 느끼지 못했지만, 지금은 왜 우리에게 그런 과정이 필요했던 건지 알 것 같다.

군인은 명예가 핵심이다. 자신이 하는 일에 대해 스스로 명예라는 의미를 부여함으로 열정적으로 임무를 수행하고 포기하지 않을 수 있기 때문이다. 나라를 지키려하는 상황에서 최전선에 있는 군인이 명예롭지 못하다면, 그 나라의 미래는 불보듯 뻔한 결말을 맺을 것이기 때문이다. 더군다나 여기는 군인을 지휘하고 통제해야 하는 장교, 그 중에서도 사관생도를 양성하는 기관이었기에 그 어느 순간에도 명예심과 정직을 강조하며 교육을 받았다. 명예가 말은 멋지지만 뭔가 마음속으로 다가오지는 않는 개념인 것 같다. 나또한 그렇게 생각했고, 명예가 참으로 어렵다고 생각했다. 하지만 생도생활 중에 느꼈던 것은 명예를 어렵게 생각하기 때문에 어렵다고 느껴지는 것이라는 사실이었다. 그저 나에게 솔직하고 타인에게 솔직하여 나의 잘못을 숨기려하지 않는 것부터 명예가 출발하고 곧, 그것이 명예의 끝이라는 생각을 했다.

우리는 자신에게 솔직하고 타인에게 솔직하여 거짓말을 하지 않는 것이 필요하고 중요하다는 사실을 모두가 알고 있다. 하지만 다양한 상황 속에서 그대로 행하기는 무척 어려운 일이다. 모두가 머릿속으로는 알지만 행동으로 나오기 힘든 것, 하지만 그걸 해내는 사람이 명예로운 사람이다. 기초군사훈련 중에도 명예롭게 행동하기는 어려운 일이다. 솔직하게 말한다면 그것이 그대로 얼차려로 돌아오고, 혼나게 될 테니까. 내가 말하지 않는다면 아무도 내가 한 것이라고 모를테고, 없던 일로 지나갈 텐데라는 생각 속에 솔직하게 말하는 것은 참 어렵다. 그러나 나를 위한 명예라는 말을 듣고, 내가 부끄럽지 않게, 내가 나를 사랑할 수 있게 명예를 지켜나가는 것이라는 말을 듣고 기초군사훈련 그 한달의 기간만큼은 어떤 순간에도 참으로 솔직하고 정직

했던 것 같다. 그때의 나, 그때의 우리는 정말 사소한 체육복 지퍼잠그기, 걸어다니면서 씹지 않기, 주먹 쥐기같은 일부터, 무언가를 제출하지 않은 것, 분리수거 하지 않은 쓰레기 책임을 지기와 같은 일까지 정직하고 명예롭게 한달을 살아갈 수 있었다. 그리고 이는 앞으로를 살아갈 양분이 되었고, 나의 잘못을 인정하는 것에 주저하지 않는 사람이 될 수 있었다.

한계는 내가 만들어낸 것

체력적으로도 나는 많은 슬럼프가 있었다. 하지만 체력적인 부분이든, 다른 부분이든 누구든 자신의 한계까지 도달하는 경험이 있다면, 그 경험을 통해 자신감을 얻고 다시 도전할 수 있는 힘을 얻게 되는 것 같다. 군사훈련 중에 사격이 있었다. 사격을 하기 전에 군인들은 PRI라고 불리는 사격술 예비훈련을 하게된다. 100m 사로에 있는 타겟은 5초만에 200m 사로에 있는 타겟은 7초만에 250m 사로에 있는 타켓은 10초만에 영점을 조준하고 사격할 준비를 마쳐야 한다. 우리는 엎드려 쏴 자세로 조준을 하기 때문에 주어진 시간안에 엎드려서 사격 준비를 마쳐야 한다. 군대를 나온 사람이라면 PRI의 또 다른 명칭을 모두 알 것이다. 바로 그 명칭은 P피나고, R알배기고, I이가 갈리는 피알아이라고 불린다. 우리는 그 훈련이 끝난 날 샤워를 할 때 모두 비명을 지를 수 밖에 없었다. 정말 온 몸에 성한 곳이 없었고, 심한 사람은 모두 피멍이 들어있고 땅과 맞닿았던 부분은 다 짓이겨져 있었다. 그 날 우리는 우리의 한계와 마주했던 것 같다. PRI훈련 말고도 10km 완전 군장 행군, 전투뜀걸음 등 우리의 한계를 계속해서 마주하고 그 한계를 넘어서고 또 마주하는 일들이 반복되었다. 그러나 이런 과정이 없었다면 지금의 4학년 생도가 될 수 있었을지, 군인이 되어 나에게 주어진 임무를 잘 해낼 수 없었을 것이다. 사람들은 언제나 자신의 극한까지 자신을 몰아붙이고 나의 한계를 마주하고 그를 넘어설 때 엄청난 성장을 이루게 된다고 생각한다. 그러나 모두들 이를 알고 있지만, 그렇게 하지 못하는 이유는 그 과정이 힘들고 혼자 마음먹어서 될 일이 아니기 때문이다. 그러나 나는 그 과정을 강제적으로 이끌려서 가게되었고 그렇게 도착했던 내가 만들었던 나의 한계를 넘는 순간 나에 대한 자신감이 생기고 내가 해냈구나라는 감탄이 나왔다. 생각보다 나는 나 스스로를 작게 만들고 있었다는 것을 알게되었고, 더 큰 결과를 이끌어낼 수 있을 것이라는 자신감이 생겼다. 결국 나의 슬럼프는 나를 더 성장하게 만드는 원동력이 되었던 것 같다.

이런 좌절과 깨달음의 과정을 여러번 겪으면서 나는 힘든 일들을 바라보는 새로운 시선이 생겼다. 힘든 일들은 물론 나를 지치게 하겠지만, 나는 이겨낼 수 있을 것이라는 확신을 가지게 되었다. 이 일이 힘들어봤자, 그때 내가 겪었던 일들보다 힘들까라는 생각에 무엇이든 도전할 수 있는 자신감이 정말 많이 생겼다. 또한 힘들다는 것에 적응력이 높아져 웬만한 일에는 쉽게 지치지 않고 힘들더라도 금방 회복할 수 있는 높은 회복탄력성을 가진 사람이 되었다. 나는 내 슬럼프를 또 다른 성장의 기회로 여기며 힘들더라도 어차피 해낼 것이라는 확신을 통해 하나하나 슬럼프를 무너뜨렸고, 결국 극복해냈다. 이런 사고를 갖게된 것은 내가 우리학교에 와서 얻은 것중에 가장 큰 것이라고 생각한다.

4. 악명 높은 그 이름 군사학기

📝 뜨겁게 울었던 스무 살

간호사관학교에 입학하기 전 나도 그랬고 우리 부모님도 그랬다. 아무래도 여자애들의 비중이 높으니까 군사훈련의 강도와 비중이 낮지않을까 생각했었다. 하지만 그 생각은 기초군사훈련에 들어간 1일차에 바로 깨져버렸다. 내 짧은 23년의 인생 중에서 가장 힘들었던 순간을 꼽으라면, 기초군사훈련이었다고 주저없이 말할 수 있다. 이제 갓 스무 살이 되었던 나에게 기초군사훈련은 엄청나게 생소했고, 생소한 만큼 많이 혼났고, 많이 좌절하고 많이 울었다. 기억나는 서글펐던 기억은 밥을 먹을 때 였다. 예비생도들은 아침, 점심, 저녁을 모두 분대별로 한 테이블에서 먹어야했다. 식당에 들어갈 때부터, 밥을 받을 때, 그리고 밥을 먹고있을 때도 지도생도님들은 항상 우리를 감시하며 정량배식을 받으라고 하셨었는데, 얼만큼 받아야 하는 건지 기준도 없고, 내가 판단해서 받아야 했다. 다른 생도들이 음식이 남아있지 않아서 못 먹을까봐 조금 받으면, 많이 안받아왔다고 밥을 다시 받아야 했고, 밥을 많이 받으라해서 많이 받아가면, 너가 이렇게 먹으면 동기들이 밥을 못먹지 않느냐며 혼이 나곤 했다. 그렇게 까다롭고도 애매한 정량배식과정을 통과해서 분대끼리 같은 테이블에 앉아서 밥을 먹기 시작한다. 밥을 먹을 때, 우리는 단 한톨의 쌀도, 단 조금의 김치 속도 남김없이 먹어야했다. 태어나서 김치 속을 그때 처음 먹어봤다. 김치를 양념하는데 들어가는 속재료들을 하나하나 먹어 식판에 그 어느 것도 남길 수 없었다. 더군다나 우리는 5분만에 그 많은 양의 밥들을 먹었어야 했다. 그래서 우리 예비생도들은 밥을 받자마자, 숟가락으로 밥을 압축시켜 한번에 많은 양의 밥을 입에 넣었고, 목이 켁켁 막히니 우유를 물처럼 벌컥벌컥 마셨다. 편식을 하는 예비생도들도 그때만큼은 눈을 꼭 감고 음식을 삼켰고, 1초도 소중했던 우리는 손이 보이지 않을 만큼 빠르게 먹었다. 1주차에는 10분만에 밥을 먹어야했던 우리는 주차가 넘어갈수록 우리에게 주어진 시간을 계속해서 줄어들었고, 마지막 주차에는 3분식사를 했다. 그러던 어느날 나는 빠르게 먹다가 결국 급체를 했고, 울먹거리며 지도생도님에게 속이 안좋다고 보고를 드렸다. 그렇게 식당에서 생활관 화장실로 뛰어들어가 변기를 붙잡고 눈물도 쏟고 구토도 쏟아냈다. 그날의 기억은 나에게 서글픔으로 항상 다가오는 것 같다.

✏️ 역대급 폭염, 역대급 훈련

생도들은 기초군사훈련을 통해 입교를 하고 1학년 여름에는 편제

화기, 구급법, 수류탄, 경계, 장애물, 각개전투 등의 훈련을 받는다. 2학년 때에는 독도법과 분대공방이 주된 훈련이고 3학년에 유격훈련을 간다. 기초군사훈련이 정신적으로 힘든 훈련이었다면, 생도가 된 후에 받는 군사훈련들은 정말 나의 한계를 넘어서는 훈련들로 이루어져 있다. 2020년의 여름에 나는 안그래도 뜨거운 여름, 더 뜨겁게 보냈다고 자부한다.

먼저 악명높은 완전군장 행군이다. 행군은 전시상황이 도래했을 때, 부대의 임무와 목적에 따라 부대이동계획이 미리 세워지고 그에 따라 군수품과 생필품을 군장에 싸고 얼마가 될지 모르는 거리를 도보로 이동하는 것이다. 원래 목적은 이렇지만, 훈련목적은 정신력을 강화하는 것이다. 아무리 체력이 좋은 사람도 계속되는 행군에는 당연히 힘들고 포기하고 싶다는 생각이 들게된다. 행군은 이런 상황에도 멈추지 않고 끝까지 가는 강인한 정신력을 키우게 해준다. "여긴 어디, 나는 누구"라는 생각만 남게되면 힘들다는 감정도 생각도 머리에서는 받아들이지 않는다. 단지 나는 걷고 있었고, 걸어가고 있고, 멈추는 건 내가 멈추는게 아니라 앞사람이 멈춰야 멈출 수 있다. 정말 신기하게도 머릿속을 비우면 힘들지 않다. 우리는 몸이 힘든게 아니라 마음의 힘들다는 명령으로 인해 몸도 힘들다고 느끼는 것이다. 그렇게 끝이 없는 행군을 하다가 거의 끝이라는 말이 들리면 그 때부터 다시 여러 가지 상황이 머릿속에 다시 인식된다. 그럼 힘들다는 생각과 몸의 신호가 한꺼번에 몰려오고 실제로 무척이나 힘들다. 그러나 우리에겐 흥을 돋구는 군가가 있고, 내 옆에 동기들의 힘들어 죽겠다는 표정을 보면 왠지 모르게 힘이 난다. 그렇게 정말 힘들어보였던 행군이 끝나면 나 스스로 너무 뿌듯하고 이렇게 내 한계를 또 한번 넘어선것에 보람을 느낀다. 이윽고 다음날이 되면, 온 몸이 쑤시고 아프고 근육통이 온다. 특히 발이 아작이 난다고 표현을 하는데, 나는 전투화의 사이즈가 발보다 조금 커서 발톱이 들려있고 물집이 잡혀있었다. 하지만 이런 통증들이 내가 힘들었었다는 것을 보여주고 또 내가 극복했다는 증거같아서 아프지만 행복하다.

나에게 한계는 없다!

나는 심하진 않지만 약간의 고소공포증이 있다. 높은 곳에 올라가면 심장이 빨리뛰고 손에 땀이 나고 등골이 오싹해진다. 유격은 이런 나에게 정말 무서웠던 훈련이었다. 1학년 때부터 3학년 때 가게되는 유격을 생각하면 눈앞이 캄캄해졌고, 3학년이 되어 유격훈련을 가야했던 일주일 전부터 떨어지는 악몽을 꿨다. 떨어져도 죽지는 않지만 로프 하나에 대롱대롱 매달려 있는 것도 너무 끔찍한 상상이었다. 내가 가장 걱정되었던 것은 외줄타기 훈련이었다. 한줄타기, 두줄타기, 세줄타기의 세가지 코스로 되어있는 훈련이었다. 이 유격훈련이 너무 걱정되어 주말을 이용해서 스포츠몬스터라는 곳에 가서 미리 연습도 했었다. 하지만 스포츠몬스터에서 로프를 타고 타이어를 건너는 곳에서 도저히 못가겠어서 SOS를 했고 직원분이 나의 도움요청이 무안해

질만큼 너무 쉽게 휙휙 건너오셔서 조금 민망해졌다. 유격훈련이 시작되고 통나무넘기, 징검다리 건너기와 같은 훈련은 가볍게 수행했지만, 외줄타기 때는 정말 긴장되고 내 차례가 다가올수록 포기하고 싶었고 도망치고 싶었다. 더군다나 내 앞순서까지 단 한명도 포기하는 사람이 없어서 더욱 긴장되었다. 날 고정해주는 로프가 갑자기 끊어지면 어떡하지, 카라비너가 갑자기 풀려버리면 어떡하지라는 수많은 상상이 날 괴롭혔다. 정신없이 있다보니 어느새 내가 줄 앞에 서있었고, 정말 울고싶은 심정으로 한발한발 내딛었던 기억이 난다. 유격자신을 외치며 앞으로 가야하는데, 내가 외친 유격자신은 두려움 없이 자신감넘치는 목소리가 아닌, 뭔가 침울하고 뭔가 겁에질린 듯한 목소리였다. 바람이 막 불어와서 외줄이 흔들리고 내 몸이 흔들리는걸 느낀 순간에는 정말 아 이러다 죽겠구나 싶은 생각이 머릿속을 스쳐갔다. 도망칠 수 없어 울며 겨자먹기 식으로 결국 도착지점에 다다랐고, 줄이 아닌 땅을 밟고 서있다는 것에 너무나도 감사했다. 시간이 좀 지나고 진정되었을 때 다시한번 내가 건너온 외줄을 바라보았는데, 내가 저기를 넘어서 왔다는 사실에 너무 감격스러웠고, 드디어 끝났다라는 생각에 아무리 더워도 행복하기만 했었다. 다른 동기들이 힘들어하던 훈련은 11m 모형탑훈련이었는데, 나는 외줄타기를 극복했다는 자신감에 1초도 망설이지 않고 뛰어내려서 유격훈련을 더욱 성공적으로 마무리할 수 있었다. 유격훈련을 마치고 나서 든 생각은, 내가 사관학교에 와서 이런 경험을 할 수 있다는 사실에 감사했다. 사서 고생이라는 말을 할 수도 있겠지만, 이런 경험을 통해서만 얻을 수 있는 깨달음이 있다고 생각한다. 내가 여기를 오지 않았더라면, 평생 고소공포증을 극복한 경험없이 살았을 것이고, 군대만큼 나를 몰아붙이는 곳이 없기 때문에 나의 한계를 마주하는 경험도 얻지 못했을 것이다. 나의 한계를 마주하고 그걸 넘어서는 쾌감을 느낄 수 있었기에 그날의 경험이 너무나도 소중하다.

5. 특별한 나의 간호사관의 삶

내가 생각하는 우리학교의 정체성은 재난이다. 간호장교의 시초는 6.25전쟁에서 부상자들을 치료하는 것에서 시작되었고 메르스와 코로나로 인한 감염사태, 튀르키예 지진에도 간호장교가 파견되어 자연재난이든 사회재난이든 다양하게 활약을 했었다. 전쟁이 일어났을 때, 예상하지 못한 재난상황이 발발했을 때, 주저하지 않고 역량을 제대로 발휘할 수 있는 인력을 양성하기 위한 기관이 국군간호사관학교라 생각한다. 그래서 나는 재난간호훈련이 특별한 나의 삶 중 하나라고 여긴다. 우리는 간호사이면서 군인이라는 특별한 점을 가지고 있고, 군인이라는 특수성 때문에 일반 간호대학과는 다른 커리큘럼을 가지고 있다. 군간호학교육이 그것인데, 1학년 때부터 차근차근 군간호학개론, 외상 및 중증 간호, ACLS 등의 이론 및 실습 교육을 거쳐서 3학년 말에 재난간호훈련을 1주일간 진행하고, 4학년 때 2주의 전술적 전투 부상자 처치훈련, 군 간호 즉응력 강화 훈련을 받는다.

전술적 전투 부상자 처치훈련은 의무병이나 간호장교가 적용하는 것이 아니라 실제 전투원이 시행하게 되는 훈련이다. 전시상황에서 적군의 공격으로 부상자가 발생하였을 때, 병원으로 이송할 수 있는 여력이 안되거나 안전이 보장되지 않았을 때의 상황을 가정하여 훈련하게 된다. 부상자 자가처치와 타인에 의한 처치를 배우는데, 사실상 지혈대를 적용하는 것이 주된 내용이다. 결국 전시에 부상자가 사망하게 되는 가장 큰 원인은 대량출혈인데, 지혈대를 통해 응급처치를 하고 이후 후방으로 후송을 보내 치료를 하게된다. 나는 이 훈련을 통해서 지혈대 적용방법에 대해서 다시 한번 숙지할 수 있는 기회가 되었는데, 이것보다 더 크게 느낀 것은 나의 역할과 사명이었다. 나는 전쟁이 발생했을 때 간호장교로서 군병원에서 임무를 수행하거나 임시 의료소에서 임무를 수행하면 된다고 생각했다. 전시에는 의료진의 역할이 중요하고, 자원도 한정되어있기 때문에 모든 환자를 살릴 수 없다고 교육을 받고, 치료효과가 가장 큰 환자에게 치료를 집중해야 한다고 배운다. 그러나 한명의 환자가 병원에 오기까지의 과정을 알게되었고, 실제로 교전중인 상황에서 전우들과 환자가 어떤마음으로 이송되어왔는지를 알게되니 내 일에 사명감을 느꼈다. 나의 능력부족으로 살릴 수 있는 사람을 살리지 못하는 상황은 절대 만들지 말아야지 라고 다짐하고 언제든 대처할 수 있는 그런 간호장교가 되어야겠다고 다시한번 다짐한 순간이었다.

이런 훈련들을 하면서 나는 내가 특별한 일을 하는 구나라는 생각이 든다. 남들이 가지 않는 길을 간다는 것, 내가 앞으로 걷게 될 길은 반짝반짝 빛나고 명예로운 길이다. 인생을 살아갈 때 가장 중요한 것은 마음가짐이라고 생각을 한다. 무슨 일이든 마음먹기에 따라 달라지고, 단점 투성이인 일도 내가 좋게 생각하면 최고의 일이 되고, 최고의 일도 내가 하기 싫어하고 나쁘게 생각한다면 최악의 일이 된다. 그래서 내가 특별하다고 여기는 나의 길로 나는 특별한 사람이 될 것이라고 믿어 의심치 않는다.

나만의 작은 영웅

대한민국에서 총을 쏘는 여자가 얼마나 될까? 대한민국 여군의 규모는 2021년 기준 16700여 명이다. 여기에 더해져 국가대표 사격선수나 일부 사람들을 포함한다해도 2만여 명의 수준일 것이다. 그 2만여 명중에 한명이 된다는 것은 얼마나 특별하고 가치있는 일인가?

요즘 길거리나 번화가에는 사격을 할 수 있는 곳을 많이 찾아볼 수 있다. 군인예능이 활성화되면서 사격에도 더욱 관심이 증가하고 있다. 이런 변화 속에 취미로 사격을 하는 것이 아니라 본업으로 사격을 한다면? 더군다나 남성이 아니라 여성으로서 사격을한다면? 이 사실만으로도 나는 남들과 차별화되는 삶을 살아가고 있다고 자부할 수 있다. 총을 쏴서 내가 특별하다는 것이 아니다. 총은 나 자신을 지키는 수단이자 동시에 남을 공격하는 도구이다. 언제든지 나를 지켜주고 또 나를 헤칠 수 있는 무기를 다룰 수 있다는 것이 나를 특별하고도 엄숙하게 만들어 준다.

영화에 나오는 영웅들은 모두 자신을 지킬 수 있는 힘을 가지고 있다. 자신을 지킴과 동시에 더 큰 무언가를 지키기 위해 자신을 희생할 수 있는 준비도 되어있다. 예를 들어, 가장 큰 인기를 끌었던 히어로 영화 어벤져스 시리즈에서도, 강함을 얻게된 후 자신을 위해서만 힘을 사용하는 것이 아니라, 가족의 평화, 나라의 평화, 세계의 평화를 위해서 자신이 가진 것을 발휘한다. 우리는 이런 모습을 보며 히어로라 칭하고 그들의 모습에 열광하며 희열을 느낀다. 더욱이 우리는 이런 사람들이 있기 때문에 하루를 행복하고 안전하게 살아갈 수 있다.

단지 총을 쏠 수 있다는 작은 사실이 나에게는 영웅이 된 것만 같은 상상을 하게 하고 나 자신을 스스로 자랑스럽게 만드는 것 같다. 지금의 나는 아니지만, 앞으로 영웅이 될 수 있는 미래의 나를 생각하며 오늘 하루도 특별하지만 평범한 하루를 보내고 있다.

✏️ 평범한 듯, 평범하지 않은 듯

국군간호사관학교 홍보문구 중 하나는, '특별한 나의 선택'이다. 겉으로 보기에, 다른 사람이 보기에 간호사관생도인 나의 삶은 특별해 보일 것이다. 그렇지만 사실 나의 삶은 평범하게 흘러간다. 아침에 일어나서 아침밥을 먹고, 1교시부터 8교시까지의 수업을 듣고, 저녁을 먹고 과제를 하거나, 친구들과 노는 시간을 보내고 잠을 잔다. 살짝 다른 점이라면, 아침점호와 저녁점호, 그리고 매일 정해진 체력단련 정도? 그래서 나조차도 평범하고 이 쳇바퀴같은 하루하루가 전혀 특별하다는 생각이 들지 않는다. 그러나 북한의 도발이 이어질 때, 국내·

외로 문제가 생길 때, 재난이 발생해서 사상자가 많이 나왔을 때 등의 상황이 발생하여 이슈가 될 때는 우리는 평범하지 않은 삶을 산다. 같은 생활을 하더라도 모두의 머릿속에는 내가 앞으로 해야할 일이라는 생각을 하고 있다. 어느날 동기들에게 전쟁이 발생해서 네가 가야하는 상황이 오면 진짜 솔직하게 어떻게 할래?라고 물어본 적이 있다. 10명에게 물어봤었는데 1명을 제외하고 모두 고민되지만 당연히 가야지라고 답했다. 사실 나에게도 같은 질문이 주어졌다면, 고민은 하고 걱정은 되겠지만, 결국 갈 것이라는 답을 내릴 것 같다. 나는 인생을 한번 살더라도 멋있게 살고 싶다. 피하지 않고 맞서고 싶다. 내가 잘못되더라도 내가 이런 일을 하다가 생을 마감한 것에 자부심을 느끼고 싶고, 주변사람들에게도 자랑스러운 사람으로 기억되고 싶다. 그래서 나는 나라를 위해 희생할 수 있는 기회가 주어지는 국군간호사관학교에 와서 간호장교의 일원이 된 게 참 다행이다.

2001년 8월 서울의 한 병원에서 약한 몸으로 태어났지만 23살, 만으로 21살인 지금은 키 171cm에 뜀걸음을 좋아하는 국군간호사관학교의 4학년 생도이다. 예비 생도에서 사관생도가 되었을 때는 생도 생활을 하는 것만으로 충분하다고 생각했지만, 그 안에서도 나만의 생도 생활을 해나가는 것이 필요하다는 생각이 불현듯 떠올랐다. 4년 동안의 생도 생활이 주어 없이 서술된 미완성 문장임에도 굳이 채워 넣을 필요 없이 그 문장의 주인이 단 한 사람일 수 있도록 살아가고 싶다.

1. 할 수 없는 것들에 대한 열망

 의(醫)-치료하다

'와장창!'

중학교 3학년 배구 대회로 다들 점심 시간에 배구 연습이 한창일 때, 유리창이 깨지는 소리가 났다. 운동장에서 토스 연습을 하고 있다가 허겁지겁 달려가 보니 한 남학생이 쓰러져 있었고 그의 주변에는 유리 파편이 여기저기 흩어져 있었다. 알고 보니 복도에서 한 무리가 배구공으로 축구를 하고 놀다가 유리창을 깬 것이었고 바로 밖 벤치에 앉아있던 남학생은 그 유리 파편을 맞은 것이었다. 다들 웅성거리기만 할 뿐, 아무런 조치도 하지 못했고 나 또한 그들 중 한 명이었다. 그때 한 학생이 재빠르게 쓰러진 아이를 업고 보건실로 뛰어갔고 보건 선생님의 119 신고로 다친 남학생은 병원에 며칠 입원하였다. 조금만 늦었으면 출혈로 생명이 위험하거나 평생 흉터가 남을 수도 있었던 일이었다.

배구 대회뿐 아니라 농구 대회도 반 대항전으로 열렸는데, 이를 위해 친구와 매일 공원 농구 코트에서 농구 연습을 했다. 그 당시, 나는 잠깐 핸드폰을 하고 있었고, 친구는 계속 슛 연습을 하고 있었다. '악!' 갑자기 옆에서 비명 소리가 들렸다. 놀라서 뛰어가 보니 친구가 새끼손가락을 부여잡고 있는게 아닌가? "새끼손가락 뼈가 부서진 것 같아. 부서진 뼈가 만져져." 상황을 살펴보니 친구가 슛을 하고 잡으려고 하던 중 새끼손가락을 농구공에 직각으로 박아 손가락뼈가 부서진 것이었다. 그때 처음으로 119를 불러봤다.

무력감. 그때 내가 처음으로 느낀 감정이었다. 두 친구 모두 생명에 지장이 없었지만 만일 목숨을 잃게 되었다면 나에게는 더 큰 좌절감과 죄책감으로 다가왔을 일이었다. 고등학교에 진학하고 나서도 이럴 때 어떡해야 하는지 알려주는 사람은 없었다. 대학교에서 배워야 했다. 그러니까 순전히 내가 의료에 대해 배우고 싶었던 건 어쩌면 나의 죄책감과 마음의 짐을 덜기 위해서일지도 모른다.

✏️ 의(義)-바르다

고등학교 때 국영수 교과서는 버려도 윤리 교과서는 제본해서 보관하고 있을 정도로 윤리를 좋아했다. 윤리를 좋아한 이유는 '틀림'보다는 '다름'을 비추는 과목이었기 때문이다. 내가 1+1=3이라고 말하면 바보 취급만 당하지만 윤리 교과서에는 다양한 학자들의 생각이 들어있고 그들은 논쟁 과정에서 서로의 다름을 존중해주는 자세가 마음에 들었다.

나는 고등학교 1학년 때부터 선도부를 하거나 봉사활동 동아리에 들어가는 등 원칙과 규율을 지키는 '바른 아이'가 되고 싶은 열망이 무의식적으로 있었다. 사람은 가지지 못한 것을 원한다고 하는데, 나는 바른 아이가 아니었기 때문에 더 '옳은 것'을 추구한 것 같다.

치료하다-의(醫)는 과학적이고 정해진 최선의 답이 있고 그와 다르게 바르다-의(義)는 추상적이고 정해진 답이 없으며 추구하는 바만이 있을 뿐이다. 이렇게 서로 다른 의를 모두 갖춰야 하는 곳이 국군간호사관학교라고 생각했고 이를 모두 고루 갖춘 직업이 간호장교라는 믿음이 생겼다.

🖉 의(衣)-옷

세 번째는 옷을 뜻하는 '의'이다. 지금까지 거창하게 좌절감, 옳고 그름 등등에 대해 말했지만 사실 내가 학교에 가장 오고 싶었던 이유는 바로 옷 때문이다. 아직도 생생히 기억난다. 1차 시험을 보러 교실에 들어갔는데 하정복을 입은 생도님을 그때 처음 봤다. 전투복을 입은 장교님보다도 그 옆에 서 있는 생도님이 너무 멋있어서 눈을 뗄 수가 없었다. 막연하게만 생각했던 생도가 그때서야 현실로 다가왔고 시험 시작 전까지만 해도 가벼운 마음으로 보고자 했지만 시험 시간이 다가올수록 하정복을 입고 있는 나를 상상하며 학교에 가고 싶은 열망이 더욱 커졌다. 국어는 무난하게 풀고 수학을 푸는데 원래부터 약했던 수학이 긴장해서였을까 더 어렵게 느껴졌고 앞번호부터 막히기 시작했다. 그 순간 나도 모르게 고개를 들어서 생도님이 입은 정복을 보며 내가 정복을 입고 서 있는 모습을 떠올려보았다. 생도님은 내게 정답을 가르쳐주시진 않았지만 포기하지 않는 힘을 주셨다. 다시 문제를 보고 포기하고 싶어질 때면 고개를 들어 정복을 보며 힘을 얻었다. 당시 생도님 입장에서는 내가 무섭게 느껴졌을 수도 있겠다 싶다. 맨 앞에 앉은 아이가 갑자기 고개를 들고 뚫어져라 쳐다보니 말이다.

얼마 전 68기를 뽑는 1차 시험 부감독을 하러 다녀왔다. 이 글을 쓰는 지금의 내가 그때의 나에게 말해주고 싶다. 네가 바라봤던 그때 그 생도님처럼 이제는 네가 그 자리에 서 있다고, 포기하지 않기를 참 잘했다고 말이다.

이렇게 세 개의 의를 모두 갖추고 있는 국군간호사관학교는 내가 가지지 못하는 것들에 대한 열망을 품게 한 학교였고, 그동안 간절함이 없던 내게 처음으로 간절함이라는 것을 알게 해준 학교이다. 그 간절함이 통했는지 결국 국군간호사관학교에 합격하고 64기로 입학하게 되었다.

2. 간호사관학교, 점점 스며드는 나

📝 반복되는 일상의 변주

생도의 일과는 6시 20분에 아침 점호로 하루를 시작해서 오전·오후 학과 수업, 체력 단련, 자습 후 저녁 점호까지 하면 하루의 일과가 끝이 난다. 일과마다 정해진 복장으로, 똑같은 머리를 하고, 통일된 가방을 든다. 반복되는 일과 속에서 똑같은 모습을 한 사람들이 살면 삶이 단조롭고 아무 일도 일어나지 않을 것 같지만 생도대(기숙사)에서는 재밌는 일이 꽤 많이 일어난다. '재밌는 일을 굳이 만든다.'라고 표현하는 게 맞을 것 같다. 내 소소한 일을 풀어보자면 1학년 자습 시간 때 공부하기 싫어서 룸메이트들과 함께 공포 영화 '컨저링'을 본 기억이 있다. 선배들과 훈육진께 들킬까 방문도 꼭 닫아놓고 불까지 끄고 비명도 못 지르며 숨죽여서 봤는데 귀신보다 선배들과 훈육진이 그때는 훨씬 무서웠기 때문이었다. 그때 본 영화 내용은 다 잊어버렸지만 신기하게 룸메이트들과 덜덜 떨면서 봤던 장면과 그 분위기는 아직도 선명히 기억이 난다.

또 다른 일탈을 풀기에 앞서 우리 학교는 호실 안 실내 건조가 금지이며 세탁실에서 빨래를 말려야 함을 알려주고자 한다. 바야흐로 2020년, 지금과는 다르게 3년 전에는 학교 내에 건조기가 없어서 건조대에 빨래를 널어 며칠을 말려야 했다. 심지어 건조대도 부족해서 호실 당 건조대를 한 개밖에 쓰지 못했다. 어느 날은 빨래를 돌렸는데 건조대가 꽉 차 있어서 이러지도 저러지도 못하고 있다가 007 작전처럼 몰래 젖은 빨래를 세탁실에서 호실로 조금씩 옮겨왔다. 그리고 호실 바닥이나 가구에 널어놓고 말렸는데 들키면 어떡하지 하고 걱정도 하다가 빨래에서 섬유유연제 냄새가 폴폴 나서 기분이 좋았던 일탈의 경험이 있다. 여담이지만 지금은 건조기가 새로 들어와서 삶의 질이 훨씬 올라갔다.

📝 인간은 적응의 동물

기초군사훈련을 받을 때 제일 적응하기 어려웠던 것은 말투와 행동이었다. 말을 할 땐 '다나까'로 끝내야 하고 질문을 할 때는 "~인지 궁금합니다!"로, 차렷을 할 때나 걸어다닐 때는 항상 주먹을 쥐고 다녀야 한다. 몸치인 나는 걸을 때마다 같은 손에 같은 발이 나가서 걷다가 고장 난 적이 정말 많다. 그렇지만 인간은 적응의 동물이라고 기초군사훈련을 마칠 때쯤에는 손에서 힘 풀고 걷는 게 더 어색하고 동기끼리의 반말보다는 존댓말이 편했다. 1학년 때 한번은 동기들과 외출을 나간 적이 있는데, 짐을 넣기에는 정복 가방이 작아서 종이 가방을 사려고 편의점에 들어갔다. 참고로 당시 정복을 입었을 때는 무채색 혹은 크라프트 종이 가방만 들 수 있었다. 하지만 편의점에는 화려한 색과 무늬를 가진 종이 가방만 보였다. 이에 사장님께 "무채색의 종이 가방은 없나요?"라고 여쭤보려던 것이 나도 모르게 "무채색의 종이 가방은 없는지 궁금합니다!"라고 툭 튀어나왔다. 완벽하게 적응을 해버린 것이다. 추가로 이제는 무채색 혹은 크라프트 종이 가방만 들 수 있는 것이 아닌 화려한 무늬가 없거나 단색 종이 가방이면 들 수 있다. 또 "~해도 되는지 궁금합니다."가 아닌 "~해도 되겠습니까?"로 표현하는 것으로 바뀌었다.

내가 앞에서 이야기했던 것들은 한때 당연하게 여겼던 우리의 문화들이었다. 소소하고 별거 아닌 일들을 책으로나마 남기는 이유는 변해가는 생도대의 문화 속에서 64기는 이렇게 살아왔다고 조금이나마 흔적을 남기며 때론 공감하고 추억할 수 있길 바라서이다. 종이가방, 말투, 건조대까지 바뀌지 않을 것 같던 생도들의 문화는 조금씩이지만 거대하게 움직이고 있다. 이 이야기가 누군가에게는 "생도대 살기 좋아졌네."로, 또 누군가에게는 "옛날에는 이렇게 살았다고?"의 표본이 될 것이다. 나는 이 이야기가 굴러가는 생도대 바퀴의 자국으로 남길 바란다.

✏️ 가상에서 현실로

어렸을 때 다들 한 번쯤은 게임을 한 경험이 있지 않은가? 나는 핸드폰 게임을 굉장히 오래 했는데, 고1 때 시작해서 대학교 1학년까지 4년 정도를 꾸준히 했다. 가상에서 현실로라는 제목을 보면 알겠지만 고3 때도 끊지 못했던 게임을 대학교 1학년 때 그만둘 수 있을 줄은 나도 몰랐다. 국군간호사관학교에 와서는 일과를 해내느라 게임 할 시간이 턱없이 부족했다. 그래서 게임을 그만둔 건 아니고 자습시간(오후 8~10시)에 하라는 공부는 안 하고 게임을 했다. 그런 내가 게임을 끊었던 건 체력 측정 때문이었다. 1학년 2학기 체력 측정을 앞두고 윗몸일으키기가 2급이 겨우 되는 터라 이대로 가면 불합격이었다. 참고로 체력기준은 3급, 2급, 1급, 특급이 있는데 1학년 1학기는 2급, 1학년 2학기부터는 1급이 통과 기준이다. 나는 그 힘든 3km 뜀걸음도 아니고 윗몸일으키기 때문에 불합격을 맞을 수도 있다는 게 너무 슬펐다. 불합격을 맞으면 주말 외출·박이 제한되기 때문에 저녁점호가 끝나고 매일 점호실에서 윗몸일으키기를 100개씩 했다. 그리고 경도 비만이었기에 윗몸일으키기를 더 잘하기 위해서 그때부터 자습시간에 운동을 시작했다.

    운동과 게임. 둘 중 하나는 포기해야 했다. 그래서 나는 게임을 포기하고 운동을 선택했다. 그렇게 오후 8시에 체력단련실로 가서 나만의 루틴으로 1시간 동안 홈트레이닝 동영상을 보며 운동했다. 중간중간 포기하고 싶은 순간들이 많았는데 공용공간에서 매일 함께 운동하는 익숙한 얼굴들, 대단하다고 칭찬해주는 동기들 덕분에 계속해서 할 수 있었다. 그리고 교본부(강의장)에 있는 인바디 측정 기계로 일주일마다 체지방률을 쟀을 때 점점 낮아지는 걸 보면서 나도 하면 할 수 있다는 자신감 또한 얻었다. 인바디 기록 종이는 내 생도 생활 기록 보관함에 보관되어 있고 힘들 때면 가끔씩 꺼내보기도 한다. 운동을 꾸준히 한 결과 근육량이 증가하면서 1학년 2학기 체력 측정에서 윗몸 일으키기 특급을 맞았다! 운동도 계속하여 4~5개월 만에 목표치를 달성하였다. 내 기초군사훈련의 좌우명이자 지금까지 호실 문 앞에 걸려있는 명패의 문구 '불가능은 없다.'처럼 처음에 운동은 단순히 체력 측정을 통과하기 위한 수단에 불과했지만 이후에는 나의 한계를 시험하는 목적이 되었다. 만약 처음부터 내 목표가 운동을 통한 체지방 감량이었다면 해내지 못했을 것이다. 그렇지만 처음 내가 잡은 목표는 윗몸 일으키기 통과였고 결국 윗몸 일으키기도 특급을 맞고 체지방 감량도 성공적으로 해낼 수 있었다. 매일 인바디를 재는 것도 그 결과를 보는 게 게임의 퀘스트를 깨는 것과 비슷하게 느껴져 재미를 붙이고 꾸준히 할 수 있었다. 혹시 글을 읽고 있는 당신도 하고자 하는 것, 이루고자 하는 목표가 너무나 거대하게 보인다면 그 목표를 더 큰 어떤 것을 이루는 수단으로 보고 도전하길 바란다. 그리고 일단 해보는 게 중요하다. 나의 게임중독이 어느 정도였냐고 하면 고3 때 공부가 아닌 게임을 하기 위해 새벽 6시에 일어날 정도였다. 그런 게임을 그만두는 것이 결코 쉬운 결정은 아니었다. 게임을 그만둔 이후 게임 랭킹은 점점 떨어졌지만 삶의 랭킹이 점점 올라가는 느낌이었고 실질적인 뭔가를 성취했다는 기분이 들어서 더 뿌듯했다.

3. 나도 몰랐던 슬럼프

📝 평일에는 군인, 주말에는 민간인

지금까지는 간호사관학교 안에서의 내 특별한 삶에 대해 말했다면 이제는 학교 안과 밖 그 경계를 말해보려 한다. 얼마 전까지는 민간인이었다가 순식간에 군인이 되어버린 나. '대학생'하면 '자유'가 떠오르지만, '군인'은 '통제'가 떠오르듯 대학생과 군인은 달라도 너무 다른 느낌이었다. 1, 2학년 때는 코로나로 외출·박도 제한되고 기초군사훈련이 끝나고 얼마 되지 않아서 그런지 내 모습은 대학생보다는 군인에 가까웠다. 3학년이 되고 주말에 외출·박이 풀리면서 민간인 친구들도 자주 만나고 그들의 대학 생활을 들으면서 나는 군인인가 대학생인가 정체성에 혼란이 왔었다. 밖에서 나를 소개할 때 나는 간호학과에 다니는 대학생이라고 말하지만 그것은 나를 50% 정도밖에 표현하지 못했다. 나는 왜 내가 국군간호사관학교에 다니는 사관생도라고 당당히 말하지 못할까? 이것은 내가 민간인 친구들과 부모님께 학교에서 있었던 일을 말하지 않는 이유와 얼추 비슷하다고 생각한다. 그들은 내가 뭘 하고 뭘 배웠는지 말해도 기초군사훈련을 처음 받을 때의 나처럼 잘 이해하지 못했기 때문이다. 그래서 학교에 있는 시간이 길어질수록, 동기들과 쌓는 추억이 많아질수록 민간인 친구들과의 사이는 점점 멀어지는 느낌이었다. 내가 이 고민을 동기에게 털어놓았을 때 동기 중 한 명은 그래서 본인은 민간인 친구들과의 연락을 줄이고 주말에도 동기들이랑 논다고 했다. 이 동기처럼 하나의 정체성에 중점을 두면 고민할 필요 없이 좋겠지만 그래도 나는 민간인인 '예지현의 모습'을 놓기가 싫었다.

그 틈을 메우는 것

생도로서의 나와 민간인으로서의 나를 이어주는 것은 취미였다. 취미가 여기서 왜 나와? 하고 콧방귀를 끼는 사람들도 있겠지만 취미는 두 개의 나를 엮는 꽤 좋은 방법이었다. 평일에도 주말에도 언제나 이어서 할 수 있는 것이 바로 취미이기 때문이다. 내 취미는 독서, 마라톤, 수영이다. 독서는 언제 어디서든지 할 수 있다. 학교에서 읽다가 못 읽은 부분은 주말에 나가서 읽을 수도 있었고, 그 반대도 가능하다. 우리 학교 도서관은 3층짜리 건물로 굉장히 잘 되어 있다. 고등학생 때까지도 한 달에 한 권 읽을까 말까 했던 책을 오히려 대학교에 와서 더 많이 읽는 중이다.

또 다른 취미는 마라톤이다. 1, 2학년 때까지 코로나로 비대면 마라톤만 하다가 처음으로 대면 마라톤에 참가했는데, 아직도 그 기억이 생생하다. 장대비가 내리고, 홀로 마라톤장에 가는 길은 무척이나 외롭고 추웠다. 도착 후 마라톤 티에 반바지로 갈아입고 위에 우비를 걸쳤다. 몸이 덜덜 떨리고 신발은 웅덩이에 잠겨 축축해졌다. 나의 우울함을 비웃듯 마라톤 행사장의 사람들은 너무 밝고 열정적이었다. 비가 오는 것에 개의치 않았고, 오히려 좋아했다. 코로나로 그동안 집에만 있거나 비대면 마라톤만 한 사람들에게 날씨 따위는 큰 문제가 아니던 것이다. '그래, 날씨가 아무리 맑아도 혼자서 뛰는 것보다 비가 오더라도 함께 뛰는 게 더 좋지.' 그 사람들 속에 섞여 있으니 나도 모르게 덩달아 기분이 좋아졌다. 카운트가 시작되고 총소리와 함께 뛰기 시작할 때 나도 모르게 웃음이 났다. 처음에는 걸으려고 했는데 도저히 걸을 수가 없었다. 눈 앞을 가리는 우비와 사람들의 목소리가 나를 뛰게 했다. 그렇게 5km에 30분 14초가 나왔다. 학교에서 체력 단련 시간마다 3km씩 뛰었던 게 도움이 되었구나. 했다.

독서기록장과 마라톤이 학교에서 밖으로의 긍정적 변화를 가져온 것이다.

수영은 반대로 밖의 취미가 학교에서의 돌파구가 되었다. 우리 학교는 얼마 전에 자기계발 외출을 도입했는데, 이 제도는 생도가 일과를 끝내고 바깥으로 외출을 나가 자신이 배우고 싶었던 것들을 배울 수 있게 해주는 제도이다. 동기들을 보면 토익, 복싱, 외국어, 테니스 등 다양한 것들을 배운다. 나는 수영을 자기계발 외출로 신청해서 배웠는데 처음에는 수영 때문에 더 힘들어지고 바쁜 생도 생활에 여유가 없어지는 건 아닌지 걱정했다. 괜한 걱정이었다. 오히려 수영은 스트레스를 푸는 창구가 되기도 하고 잠깐의 외출로 밖의 사람들을 만나며 나를 조금 더 돌아볼 수 있었다. 옛날부터 좋아했던 수영을 생도 생활에 끌고 오는 건 욕심이 아닌 삶의 균형을 잡아주었다. 바쁜 생도 생활에 취미는 사치라고 생각했지만, 오히려 옆을 돌아보고 조금은 쉬어갈 수 있게 해주는 휴식이 되어주었다.

이런 취미들로 어느 순간 군인으로서의 나, 민간인으로서의 나로 나누지 않게 되었다. 책을 읽는 나, 뛰기를 좋아하는 나, 수영을 잘하는 나처럼 수많은 모습 중 하나일 뿐이라는 생각이 들었다. 임관을 하고 나면 이제는 군인이 된다. 내가 한 고민은 생도 시절에만 할 수 있는 고민이었지만 그 답을 찾아가는 과정에서 많은 것을 얻을 수 있었다.

4. 평범함과 특별함 그 사이

📝 똑같은 실습생인데, 우린 왜 이렇게 다를까요?

3학년 때 병원으로 실습 나갔을 때였다. 보통 같은 병동에 2명씩 배정되어 실습하게 되는데 이 병원에서는 나 혼자였다. 실습 첫날, 떨리는 마음으로 병동에 들어갔는데 다른 학교 실습생이 1명 더 있었다. 나이는 나랑 동갑이었고 나보다 일주일 먼저 실습을 왔다고 한다. 그 실습생에게 병동 근무에 대해 인수인계를 받으면서 우린 급속도로 친해졌다. 내가 국군간호사관학교에서 왔다고 하니까 신기한 표정으로 우리 학교에 대해 물어봤다. "매일 같은 버스에서 타고 내리던데, 다 같이 출, 퇴근해요?" 우리는 육군사관학교에서 다 같이 인원 파악을 하고 밥을 먹고 지원 버스를 타고 출근한다고 말해줬더니 신기하고 부럽다고 했다. 또 우리는 실습이 끝나면 지원 버스를 타고 학교로 복귀해 체력 단련을 하고 다 같이 모여서 저녁 점호를 하고 취침 시간도 정해져 있다고 하니까 그건 별로 안 부럽다고 했다. 그와 나는 서로가 비슷하지만 달랐다.

📝 봉오리가 피어나는 순간, 백합제

　사관학교는 놀 줄 모른다고 생각하면 그것은 오만! 누구보다도 열정적으로 백합제를 준비하고 모두가 축제에 참여한다. 그러나 1, 2학년 때는 코로나로 축제가 축소되어 제대로 놀지 못해 아쉬웠는데 3학년 때는 아쉬움을 다 털어 버릴 만큼 재밌게 보냈다. 친한 동기 2명과 함께 타꼬야끼 음식 부스를 연 것이다. 모두 글램핑의 멤버이고 나 포함 3명으로 이루어져 있다. (이름만 글램핑이지 글램핑은 4년 동안 1번밖에 못했다.) 평소 타꼬야끼는 붉닭볶음면에 비벼서 맛있게 먹을 줄만 알았지 만들어 본 경험이 없어서 걱정이 많았는데 추진력 좋은 동기들과 함께여서 할 수 있었다. 축제 전 사전 주문을 받는데 대략 150인분의 주문이 들어왔다. 재료를 주문하고 각자 집에서 요리 도구도 챙겨왔다. 학교 식당에서도 김치통, 국자, 그릇, 가스 버너 등등 많이 지원해주어서 조금은 부담을 덜 수 있었다. 음식 판매 전날, 함께 모여서 타꼬야끼 반죽을 만들었는데 김치통 3개가 꽉꽉 찰 만큼 엄청난 양이었다. 반죽에서 뭉친 가루들을 풀고 있는데 '퐁당!'하는 소리가 들리고 정적이 흘렀다. 반죽으로 무언가 빠진 것이다. 그 정체는 핸드폰이었다. 침착하게 핸드폰을 건져내고 그 반죽은 그대로 폐기됐다. 다행히 사전 주문뿐만 아니라 현장에서 판매할 양도 생각해 넉넉하게 주문했던 터라 반죽이 부족하지는 않았다. 다음날 탁자를 펴고, 가스 버너에 불을 켜고 버터를 바르고 걱정 반, 기대 반으로 반죽을 붓는데 처음에는 쭈 그러진 메추리알 같은 모양이 나왔다. 그래도 계속 연습하니까 서서히 탁구공 모양이 나와서 다행히 팔 수 있을 정도의 모습은 갖췄다. 가격은 여섯알에 삼천 원으로 책정했고 인기가 많은 부스 중 하나여서 5~6시간 동안 내내 쉬지 않고 팔았다. 축제 종료 직전까지도 주문이 들어왔지만 아쉽게도 시간이 없어서 더 이상 팔 수가 없었다. 근무복을 입고 내내 서서 만드니 힘들기도 했지만 그래도 동기들이 오며 가며 먹고 맛있다고 해주고 소연병장에서 하는 콘서트도 바로 옆에서 들을 수 있어서 좋았다. 무엇보다도 동기들과의 평생 기억에 남을 것 같은 추억을 하나 더 만들었다는게 가장 큰 의미였다. 여담으로 뒤처리가 힘들어 타꼬야끼는 축제 때 금지됐다고 한다. 대학생 때 축제에서 음식을 만드는 게 대학 생활의 로망이었는데 그 로망을 이뤄서 좋았고 나에게는 짜릿하고도 재밌는 추억으로 남았다.

5. 4년간의 생도생활, 나만의 꿀팁

어느 날, 할머니께서 나에게 말씀하셨다. "간호사관학교 나온 친구가 너 거기 입학한다니까 그러데, 힘들어서 금방 그만둘 거라고" 그리고 4학년이 된 나에게 할머니가 말했다. 그랬던 손녀가 4년이나 버틸 줄 몰랐다고 장하다고.

✏️ 부적

내가 가장 중요하게 여기는 것은 현재 나의 행복이다. 2학년 때 문득 들었던 생각은 '내가 지금 행복한가?' 였다. 다가올 미래의 행복을 위해 오늘을 너무 의미 없이 쓴 게 아닐까? 오늘 내가 행복하지 않는다면 다 무슨 의미가 있을까 싶었다. 행복이 뭘까? 앞으로 수없이 넘어야 할 산과 보이지 않는 미래에도 불구하고 내가 매일 행복을 느끼며 살 수는 없을까? 매일 반복되는 일과 속에서 내 행복은 무엇일까? 그러다가 한 시집에서 행복에 대한 시를 봤다. 나태주 시인의 행복이라는 시이다.

행복

나태주

저녁 때
돌아갈 집이 있다는 것
힘들 때
마음속으로 생각할 사람 있다는 것
외로울 때
혼자서 부를 노래 있다는 것

이 시가 좋았던 이유는 일상에서 특별한 행복을 찾아야 할 필요가 없다고 말하는 것처럼 보였기 때문이다. 그것은 언제나 일상처럼 너에게 있다고 말했다. 곰곰이 생각해보면 그것은 언제 어디서나 있던 것이다. 다만 나는 내가 가지고 있는 게 행복인지 몰랐었다. 행복과 함께 당연하게 여겼던 게 하나 더 있다. 바로 감사다.

✏️ 언어

기초군사훈련 때 처음으로 '오감사'를 작성했다. 오감사란 하루에 감사했던 일을 다섯 개 적는 것이다. 오감사를 적을 때 매일 고마운 일이 다섯 가지나 일어날까 싶었는데 하루종일 감사할 거리를 생각하니 그 하루가 훈련 때문에 힘들고 고된 하루가 아니라 감사한 게 많은 하루가 되었다. 기초군사훈련 때 쓴 것들을 살펴보면 감사함을 느끼게 하는 것들은 생각보다 소소한 것들이었다. 예를 들어 훈련이 힘들었는데 부식으로 나온 우유가 시원해서 감사하다, 한 동기가 내가 도움이 필요할 때 도움을 줘서 고마웠다 등등. 만약 그 반대로 나를 불행하게 만드는 것들을 찾아야 했다면 그 하루는 불행한 하루가 될 것이다.

기초군사훈련이 끝나고 생도 생활을 하면서 학과 공부와 체력 단련 등 빡빡한 일과 속에서 금방 번 아웃이 올 것 같았다. 앞으로 4년 동안 심지어 코로나로 인해 주말 외출과 외박 또한 통제됐기 때문이다. 이때 기초군사훈련 때처럼 감사한 일들을 내가 만들어보자 하고 다짐했다. 그때처럼 꾸준하게 오감사를 작성하는 성실함을 보이진 못했고 그보다는 나의 생각과 말투를 긍정적으로 바꾸려고 노력했던 것 같다. 이건 시간을 내서 할 필요도 없이 나의 마음가짐만 바꾸면 되는 것이기에 할 수 있었다. 그럼에도 처음에는 어려웠다. 마음속 단전에서부터 끓어오르는 분노를 삭히고 그 안에서 좋은 점을 찾는 것은 고역이었다. 그래도 계속 긍정적으로 보려고 하니 이제는 어떤 상황, 사람이던지 단점보다는 장점을 먼저 찾게 된다.

색깔

옛날의 나는 누군가의 첫인상을 봤을 때 좋지 않으면 어울리려 하지 않았는데 사관학교에 들어와서는 생각을 바꿨다. 4년 동안 동기들과 조별 과제나 룸메이트로 마주치게 되면서 나도 모르게 가졌던 선입견을 지운 것이다. 특히 룸메이트를 통해 한 학기 동안 함께 동고동락하면서 동기들의 예상치 못한 장점도 발견하고 또 그 안에 섞여들면서 새로운 내 모습을 알게 되는 게 재밌었다. 사람마다 각자 고유한 색을 가지고 있고 그 색에 대한 호, 불호는 있을지언정 옳고 그르다는 문제로 나눌 수 없다는 것을 옛날에는 몰랐다. 예전에는 그 색깔이 나와 섞였을 때 안 어울릴 것이라 단정 짓고 미리 피했다면 이제는 내가 생각하지 못했던 예쁜 색이 나올 수도 있고 한 번도 보지 못한 오묘한 색이 나올 수도 있다는 걸 우리 학교가 있는 자운대 하늘을 보며 알았다.

자운대의 자운은 자줏빛 구름이라는 뜻인데, 실제로 해가 질 때 즈음에 하늘을 올려다보면 자줏빛 하늘이 머리 위에 펼쳐져 있다. 우리 학교는 하늘이 이뻐서 자주 올려다보곤 하는데, 그럴 때마다 하늘이 가진 색을 가지고 싶다고 생각한다. 하늘의 색은 모두가 다 아는 푸른색이지만 때로 노을로 인해 붉은색을, 자운대처럼 보랏빛을, 밤에는 검은색을 가진다. 본연의 푸른색은 잃지 않음에도 상황에 따라 다양한 색을 포용할 수 있는 하늘 같은 사람이 되자는 생각을 했다.

✏️ 여행

바쁜 생도 생활에서도 짧긴 하지만 몇 주간의 휴가가 있다. 나는 휴가 중 대부분을 여행 가는 데에 썼다. 임관하고 나서는 지금처럼 몇 주씩 길게 휴가를 가기가 쉽지 않을 것 같았기 때문이다. 여행을 가고 낯선 장소에서 낯선 음식을 먹으며 낯선 사람들을 마주하다 보면 더 명확하게 나를 알 수 있었다. 이런 말이 모순적일 수도 있을 것 같지만 사관학교 안에서 반복되는 일과와 매일 보는 동기들과 함께 있으면 나 자신이 모호해지는 느낌을 자주 받게 된다. 학교 안에서는 아무래도 나의 선호보다는 환경에 맞춰야 하기 때문이다.

그래서 여행을 택했다. 여행은 '나를 마주하는 시간'이었다. 내가 하고 싶은 대로 계획하며 준비하고 가서 즐기는 것, 또한 계획처럼 되지 않아도 상관없다. 그 안에서 나의 새로운 모습을 발견할 수 있기 때문이다. 예를 들면, 움직이기보다는 가만히 앉아서 풍경을 감상하는 것, 생각보다 밤에 혼자서 자는 걸 무서워하는 것, 계획을 세우긴 했지만 계획대로 되지 않음에 오히려 즐거움을 느끼는 것, 새로운 사람들과 만나서 얘기하는 것, 목적지 없이 걷다가 우연히 만난 것들에서 더 큰 감동을 느끼는 것이다.

또 여행은 나에게 괜찮지 않아도 괜찮다고 말해준다. 계획한 일이 뜻대로 되지 않아도, 주문했던 음식이 맛이 없어도, 무언가 실수를 해도 그 자체로 여행이어서 언제나 괜찮다고 말해준다. 걷고 있는 길이 지름길이 아니어도 길이 있고, 그 길을 꾸준히 걸어야 할 이유만으로도 여행은 나에게 충분히 가치가 있다.

나의 미래 간호장교의 모습

– 내가 꿈꾸는 간호장교의 모습

특별하고도 빛나는 나의 직업을 사랑해

- 김하린 -

    공군 간호장교가 된 지도 벌써 4년 차이다. 생도 때 육군으로 갈지, 공군으로 갈지 끊임없이 고민했던 게 엊그제 같은데, 시간이 참 빠르다. 소위로 임관한 후에는 항공우주의료원에서 공중근무자들의 생리와 특수성을 배우며 공군 간호장교로서의 기초 소양을 다졌다. 그때 배운 부분의 주 내용은 기압의 저하로 발생하는 건강문제였다. 공중근무자들의 경우 고도 상승에 따라 기압이 저하되면서 체강통이 발생할 수 있고, 기압 저하로 인한 유효산소량 감소로 저산소증에 걸릴 수 있으며, 비슷한 이유로 저체온증과 감압통이 발생할 수 있기에 육상에서 발생하는 환자와는 다른 양상을 보인다. 따라서 공군 간호장교는 이러한 고공의 생리에 대하여 이해하고 있어야, 대상자에게 적절한 간호를 제공할 수 있다. 항공기에 탑승한 인원의 경우 건조함과 소음, 진동 및 피로로 스트레스를 받을 수 있으므로 이에 대한 관리도 필요하다. 건강검진을 하다 보면, 고공 환경에서 오래 근무한 조종사들에게 보이는 특징들이 있는데, 이러한 부분들이 악화되지 않고, 조종 근무를 계속할 수 있도록 그들의 건강을 관리하는 것이 나의 역할이다.

며칠 전, 항공 의무 후송 작전에 투입되었다. 몇 번 해봤던지라, 긴장되기보다는 큰일이 아니길 바라는 마음이었다. 깨질 수 있는 병보다는 팩으로 된 수액과 여러 응급처치 물품들을 챙겨 항공기에 탑승했다. 후송 전 점검을 통해 안전한 환경을 확보하고, 환자들이 들것에 실려 오기 시작하자, 기내 조종실, 비상구, 산소실로부터 멀리 배치하고 흔들리지 않도록 고정하였다. 후송 중에는 환자들이 편안하게 이동할 수 있도록 기내 위험에 대비하고 스트레스 관리에 힘썼다. 틈틈이 환자들에게 투여된 약물들을 정확하게 기록하며, 후송요원들과 협력하여 임무를 무사히 마쳤다.

작전이 끝나고 기진맥진한 채 관사로 돌아와 침대에 드러누웠다. 늘 하는 일이지만, 그래도 환자가 발생하지 않기를, 치료가 가능한 정도이기를 하고 바라는 습관은 여전한 것 같다. 기분을 환기할 겸 커피 한 잔을 내려 마시고, 요즘 준비하고 있는 바리스타 자격증 교재를 펼쳐보았다. 커피를 좋아해 카페 맛집을 알아보려고 인터넷을 찾아보다가 이참에 그냥 내가 만들어볼까 하는 생각이 들어 시작하게 되었다. 내가 커피를 좋아하는 이유는 정말 다양하지만, 가장 큰 이유는 피로가 풀리고 기분이 좋아지기 때문이다. 하루를 시작하기 전에, 일이 너무 많아 지칠 때, 퇴근하고 휴식을 취할 때 주로 커피를 내려 마시는데, 커피 향을 맡고 한 모금씩 넘기는 그 순간이 너무 좋다. 바리스타 자격증을 준비한 지는 얼마 되지 않았지만, 그저 좋아하는 분야를 배운다는 것만으로도 일상이 즐겁고 활기가 넘치는 것 같다.

힘든 날도 많지만, 특별한 일을 한다는 자부심과 나를 믿고 몸을 맡기는 환자들, 웃는 얼굴로 맞이해주는 동료들이 있어 오늘도 열심히 일하게 된다. 앞으로 남은 1년도 최선을 다해 근무해보자구!

나는 어떤 간호장교가 되고 싶은가

- 손수정 -

　지금의 나는 4학년 생도이지만 내년에는 임관하여 간호장교로서 임무를 수행하게 될 것이다. 그 중에서도 4년 뒤의 모습을 잠시 생각해보고자 한다. 4년 뒤는 2027년으로 내가 간호장교로 한창 일하고 있을 시기일 것이다. 지금의 나는 시험, 실습, 핵간평가 등의 일정을 겨우 따라가고 있는 수준이지만 미래의 나는 어떠한 상황에서도 의연하게 대처하고 기지를 발휘하는 간호장교가 되길 기대한다.

체력도 특급 업무도 특급

　지금까지 나는 정기 체력측정 때 윗몸일으키기, 팔굽혀펴기, 뜀걸음 모두 특급을 받았다. 그래서 미래에도 계속해서 3개의 부분에서 모두 특급을 받고 싶다. 그러기 위해서 나는 데이 퇴근 후 또는 쉬는 날에 집 근처 헬스장을 가서 나의 체력을 향상시키기 위해 노력할 것이다. 뜀걸음은 런닝 머신으로, 윗몸일으키기와 팔굽혀펴기는 각종 운동기구를 사용하면서 근력과 지구력을 키울 것이다. 생도 때에는 단체 체력단련을 하였지만 미래에는 나에게 맞춤형인 운동루틴을 개발해서 효율적이면서도 효과적으로 체력을 증진시킬 것이다. 이렇게 체력을 기르게 되면 업무를 하는데 있어서도 도움이 될 것이다. 업무를 하기위해서는 기본적으로 체력이 필요한데 꾸준히 운동을 하는 것을 통해 이를 성취할 수 있을 것이다. 그리고 4년뒤에는 어느정도 경험을 쌓은 간호장교일 것이기 때문에 업무에 있어서도 특급을 놓치지 않기 위해 노력할 것이다. 어떻게 업무 특급을 이룰수 있을까? 그것은 초심을 잃지 않는 것으로부터 온다고 생각한다. 소위로 임관하여 첫 임지에서 배울 때를 생각하며 기본에 충실하고 부족한 부분은 공부하는 자세가 바로 내가 생각하는 초심이다.

사랑의 정신을 실천하는 사람

크리스천으로서 사랑의 가치를 마음에 새기고 행동으로 실천하는 간호장교가 될 것이다. 성경에서 말하는 사랑은 다음과 같다. 고린도전서 13장을 살펴보면, '[4]사랑은 오래 참고 사랑은 온유하며 시기하지 아니하며 사랑은 자랑하지 아니하며 교만하지 아니하며 [5]무례히 행하지 아니하며 자기의 유익을 구하지 아니하며 성내지 아니하며 악한 것을 생각하지 아니하며 [6]불의를 기뻐하지 아니하며 진리와 함께 기뻐하고 [7]모든 것을 참으며 모든 것을 믿으며 모든 것을 바라며 모든 것을 견디느니라' 라고 쓰여있다. 이러한 사랑의 의미를 내가 맡은 임무를 수행할 때에 늘 생각하고 선한영향력을 끼치기 위해 노력할 것이다.

4년 뒤 간호장교로서의 모습

- 오찬실 -

　임관을 한 지도 벌써 4년이라는 시간이 흘렀다. 생도생활을 할 때도 참 자주 느꼈지만, 하루는 느리게 지나가는 것 같아도 지나보면 시간이 참 빠르게 흐른다는 생각이 든다. 재작년엔 장기복무 신청을 깊게 고민했었는데, 해가 지날수록 장기복무 신청을 한 것이 옳았다는 생각이 든다. 어렸을 때부터 한 가지 일을 묵묵히, 끈기 있게 하기보다는 이런 일, 저런 일 벌려놓고 하길 좋아했던 나인지라 한 직장에 오랜 기간 다니는 것보다 여러 가지 일들을 경험하는 것이 더 좋기 때문이다. 그런 나에게 병동근무뿐만 아니라 파병, 사단복무, 주특기 교육 등 다양한 업을 경험할 수 있는 간호장교라는 직업은 내가 누군가를 위해 근무하는 사람이라는 뿌듯함, 성취감만 느낄 수 있는 것이 아니라 즐거움까지 안겨주는 소중한 직업인 것 같다.
　생도 때부터 나는 주특기 교육을 꼭 받고 싶다고 생각해왔었는데, 아쉽게도 작년에는 주특기 교육에 선발되지 못했었다. 지난 1년 동안 준비할 것들을 좀 더 보완해서 쥬비하고 지원했더니 올해는 다행스럽게도 주특기 교육에 합격해서 내일부터는 외부 인근 병원으로 출근해 주특기 교육을 받게 된다. 주특기를 고민하던 순간부터 무슨 주특기가 좋을지 정말 한참을 고민했던 것 같다. 신장 질환자가 날이 갈수록 늘고 있고, 인공신장실도 증가하는 추세인데 인공신장 주특기를 받아볼까 하다가 종합병원에서는 빼놓을 수 없는 수술을 배워볼까 싶기도 했고, 종합적인 내과적 질환을 총체적으로 다루는 중환자 주특기도 잠깐 관심이 생겼었다. 그럼에도 불구하고 결국 수술방에서의 기억이 좋았던 나는 수술 주특기를 지원했고, 지금은 앞으로 얼마나 다양한 수술을 경험하고 배울 수 있을지 기대되는 마음이다.

　주특기 교육을 앞두고 친한 선배에게 조언을 구할 겸 저녁을 먹기로 했다. 선배를 만날 때마다 느끼는 거지만, 같은 학교를 졸업하고 비교적 비슷한 환경에서 근무하는 터라 그럴지는 몰라도 선배임에도 불구하고 친근감이 든다. 같은 시기에 비슷한 고민을 안고 만나는 우리는 늘 깊은 생각을 공유할 수 있는데, 그런 과정에서 잘 보이지 않던 해결책이 보이기도 한다. 사실 장기복무 신청 때에도 선배와 이런 저런 이야기를 나누다가 가치관을 굳힐 수 있었는데, 이번 주특기 교육도 선배 덕분에 좋은 결과를 얻을 수 있었던 것 같다.

　요즘 나는 소소한 행복을 바탕으로 잔잔한 삶을 살아나가고 있는 것 같다. 어릴 때는 어른이 되면 정말 멋진 커리어 우먼이 되겠다는 생각이 있었는데, 지금은 지금의 내 모습처럼 잔잔하게 해야 할 일을 하며 가끔 슬프고, 또 가끔 벅차게 행복한 삶이 그 무엇과도 바꿀 수 없는 소중한 인생이라는 걸 자주 느끼는 것 같다. 앞으로 짧지 않은 시간동안 간호장교로 계속 복무하게 될 텐데, 미래의 난 어떤 모습일까? 분명 난관은 또 찾아오겠지만, 현명한 판단으로 지혜롭게 지나갈 수 있는 내가 되었으면 좋겠다.

이름값 하고 살자

– 정선주 –

　짐을 정리하다가 생도 때 쓰던 명패를 발견해서 반가운 마음에 펜을 들었다. 혹시 모르지 않나, 나중에 내가 대단한 작가가 될지. 머리에 떠오르는 대로 쓰고 있는 이 일기가 베스트셀러의 한 페이지가 될지도 모른다고 생각하니 피식 웃음이 난다.
　'이름값 하고 살자.' 4년간의 생도 생활을 함께한 명패 아래에는 주문처럼 외우고 다녔던 문장이 적혀있었다. 할머니께서 '착한 보배'라는 뜻으로 지어주신 이름이지만, 고등학교 시절 '온 누리에 선한 영향력을 가득 비추는 사람'이라는 의미를 새로 만들어 붙였다. 착한 사람보다 선(善)을 지향하는 사람이 되고 싶었다. 언젠가 나이가 들었을 때, 각박한 세상이지만 결국은 선(善)한 것이 승리한다고 당당하게 말해줄 수 있는 어른이 되고 싶었다. 망설이다 그 길을 가보지 않은 사람은 안된다고 말하지만, 소신 있게 선택하고 마침내 길의 끝에 닿은 사람은 '할 수 있다'고 말하지 않는가. 그러니 부디 옳은 길로 가라고, 더 나은 세상을 함께 만들어가자고 손을 건넬 수 있는 용기 있는 어른이 되고 싶었다.

　지금 생각해보면, 많은 에움길을 돌아왔지만 결국 나는 간호장교가 될 운명이었는지 모른다. 막연히 세상에 도움이 되고 싶었던 작은 마음은 간호라는 길을 만나 색을 입고 이름이 붙었다. 누군가는 한낱 몽상이자 치기 어린 날의 낭만 따위로 치부할 수 있었던 희망은 간호장교라는 땅에 뿌리내려 비로소 사명감과 소명의식이라는 이름으로 피어났다. 그리고 그 꽃들은 하루를 견디게 하는 힘이 되고, 더 나은 사람이 되고 싶은 꿈이 되었다.

　내가 일하는 곳은 군 병원의 작은 병동이지만, 변화시키는 것은 더 광활한 미래의 희망이 아닐까. 스무 살의 젊은 용사 너머 팔십 년의 인생을 바라보고 무거운 책임감을 느낀다. 한 사람이 온다는 것은 그 인생이 오는 것이라는데, 국가를 위해 가장 젊은 날을 바치는 뜨거운 삶들을 매일 새롭게 맞이하고 정성을 다해 건강과 행복을 빌어주는 숭고한 임무를 어찌 사소하다 말할 수 있겠는가. 누구나 할 수 없기에 더욱 아름답고 특별한 선택이지만, 가끔은 회의감이 들기도 했다. 능력의 한계에 부딪혀 간호장교라는 이름이 조금은 무겁게 느껴지는 날에는 옳은 길을 걷고 있는지 확신이 서지 않았다. 하지만 나의 간호로 건강을 되찾고 퇴원하는 환자들의 뒷모습을 바라볼 때면, 미약하지만 어제보다 더 나은 오늘을 만들었다는 사실이 잔잔한 위로가 되기도 한다. 그러니 우리의 삶을 채우는 작은 것들을 사랑할 줄 아는 사람이 되자고 또 다짐한다. 나라는 존재는 영겁의 시간 속 티끌만한 점보다도 작겠지만, 수없이 많은 적은 선(線)은, 끝내는 선(善)을 이루어 낼 테니

말이다.

  마음이 외롭고 추웠던 생도 시절 나를 다독이던 일출이 수채화처럼 창문을 물들이는 아침이다. 매일 똑같이 뜨고 지는 해이지만, 나로 하여금 세상이 어제보다 하루치 더 나아지기를 소망한다. 그들의 안녕을 위해 유용하게 쓰일 수 있기를, 아직 꽃피지 못한 젊음을 위해 나를 내던지는 용기를 낼 수 있기를 오늘도 바란다.

4년 뒤 어느 날 나의 일기

- 최지영 -

　오늘은 1년 동안 내가 열심히 공부하고 수련했던 주특기 교육을 수료하는 날이다. 교육 수료 기념으로 여행을 가기로 했다. 평소 좋아하던 바다를 보기 위해 가볍게 강릉으로 떠난다. 파란 하늘, 푸른 바다, 반짝이는 윤슬, 부서지는 하얀 파도가 그동안의 나의 노력을 인정해주고 나를 응원해주는 듯하다. 내가 좋아하는 장소에 좋아하는 사람들과 함께하니 참 행복하다. 새삼 내가 생도 생활을 잘 견뎌냈기 때문에 이걸 이룰 수 있었던 것 같다. 나는 구체적으로 어떤 걸 하고 싶기보다는 '주특기 교육' 자체를 하고 싶었다. 나만의 특별한 전문성을 얻는다는 것이 의미있게 다가왔다. 중환자, 응급, 수술, 인공신장...내 성격과 흥미, 그리고 내 미래에 도움이 될만한 것이 무엇일지 고민할 때마다 받고 싶은 교육이 바뀌었다.
　생도 4학년 때는 문득, 군 특성상 내가 희망하고 계획하는대로 모든 것을 이루기는 힘들 것 같다는 생각이 들었다. 너무 구체적으로 계획하고 꿈꿨다가 물거품이 되면 내 실망감이 아주 클 듯 했다. 내게 있을 가능성을 모두 열어놓고 언젠가 다가올 기회를 잡을 수 있는 준비된 사람이 되기로 했다. 나는 그때 독한 사람이 되고 싶었다. 그래서 나 스스로가 힘들더라도, 주변에서 어려운 길을 권하지 않더라도, 흔들림은 있었지만, 마음속에는 중환자 주특기에 대한 욕망이 있었던 것 같다.

생도 시절에 훈육 장교님께서 중환자 주특기가 있으면 응급실, 중환자실에서 모두 일할 수 있지만, 응급 주특기는 중환자실에서 일할 수 없다는 얘기를 하셨다. 또 중환자 주특기를 하면 확실히 내가 간호사로서의 전문 지식이 많고 그것을 유용하게 쓴다고 하셨다. 내가 아는 것이 많고 유능해야 내 환자들을 더 잘 돌볼 수 있으므로 나는 똑똑한 간호장교가 되고 싶었다. 바라만 보던, 꿈꾸기만 하던 중환자 주특기를 끝낸 지금, 나는 단단하고 독한 사람이 되었을까. 확신할 순 없다. 하지만 그 과정을 수료했다는 것 자체만으로도 수료 전보다는 조금 더 성장한 건 확신할 수 있다. 중환자 주특기 간호장교로서 첫 발자국을 뗀 지금, 공부했던 것을 잊지 않기 위해 계속 임상에서 공부해야겠다고 다짐했다. 국군외상센터에서 중환자 주특기를 가진 근무자를 선발한다는 소식을 들었다. 생도 시절 처음 생겼던 외상센터가 이렇게까지 커질 줄 전혀 예상도 못 했었다. 3학년 실습을 나가던 때에 갓 만들어져서 병동실습 중 하루를 외상센터 병동에서 지냈었다. 새로 지어진 건물, 외상환자에게 특화된 소생실과 응급실, 병원 구조까지, 나에겐 전부 신기했다. 외상센터는 내가 알던 과거의 그때와 다르게 민간인 환자도 받기 시작하면서 하루에도 많은 환자가 오고, 보살

펴야 할 환자들도 다양해졌다. 주특기를 막 수료한 내가 국군외상센터에서 일을 한다면 더 많이 배우고 공부한 내용을 바로 적용할 수 있어서 좋을 것 같다. 게다가 국군외상센터는 생도시절부터 막연히 동경하던 곳이 아닌가? 외상이야말로 간호장교로서의 모든 것을 보여줄 수 있는 분야라고 생각한다. 간호사로서의 기본기와 전문성을 습득했으니 장교로서의 특수성과 적응력을 키우고 싶다.

두렵지만 앞으로 한 발 더

- 김지예 -

"속보입니다! 지금 부산에 정박한 중국어선에서 신종감염병이 유출되어 부산항 인근에서 한국인과 중국인 사상자가 발생하고 있습니다! 치사율은 80프로로 확인되며 아직 치료제와 백신은 개발되지 않았다고 합니다. 시민여러분은 최대한 외출을 삼가주시고 마스크를 필수 착용하실 것을 권고합니다." 어제 이 뉴스가 뜬 이후에 우리 비상연락망이 난리가 났다. 긴급히 간호장교들을 투입하려 하는데 지원자가 없었기 때문이다. 나는 전역을 6개월 앞두고 있어 대상자가 아니었는데, 가려는 사람이 없다고 해서 어제 중령님께 내가 가겠다고 말씀드렸다. 오늘 저녁에 바로 부산으로 출발하라고 하셔서 지금은 부산에 가져갈 짐과 내 집을 정리하고 있다. 항상 이런일이 생길 수 있다는 사실은 알고 있었는데, 임관한 이후로 큰 일이 발생하지 않아서 나도 긴장을 늦췄던 것 같다. 동기들은 내가 가기로 한 사실을 알게 되었는지 응원하고 꼭 몸조심하라고 했다. 다른 동기들은 임신도 하고 가정도 있어서 아무래도 가기가 망설여져서 미안했는데, 내가 간다고 해서 정말 고맙다는 말을 전해줬다. 부모님께는 일단 비밀로 하고 가려고 한다. 파견기간은 예정 2주이지만, 얼마나 더 길어질 지는 모르는 상황이라 상황보고 부모님께 연락을 드리려 한다. 국민들도 확인되지 않은 미상의 감염체로 인해 모두 두려움에 떨고 있다. 부산에서 계속 감염자가 발생하면, 대통령은 부산을 폐쇄할 준비도 하고 있다고 발표했다. 최대한 의료진과 역학, 방역, 소방, 경찰 들이 힘을 모아서 감염병이 퍼져나가는 것을 최대한 막아야 한다. 학생 때도, 그리고 임관해서도 이런 상황을 대비해서 훈련을 지속적으로 받아왔지만, 그래도 막상 실전이라고 생각하니까 기억이 나지 않는 것도 많고 꽤나 긴장이 된다. 그래도 내 신념이 인생을 한번 살더라도 멋있게 사는 거니까 이번에도 멋있게 내 역할을 다하고 왔으면 좋겠다. 부산에 가기전에 내가 좋아하는 삼겹살을 원없이 먹고가려고 한다. 먹고 죽은 귀신이 때깔도 곱고, 금강산도 식후경이니까. 무사히 우리 집으로 돌아와서 이번엔 간장게장을 먹고싶다. 그런데 짐을 싸면서 든 생각인데, 어떤 짐을 싸야할 지 잘 모르겠다. 그냥 여행하는 것처럼 싸면 되는건가? 씻을 공간과 여유가 되려나? 아 그리고 상비약도 잘 챙겨가야겠다. 또 감염병 상황에서는 의료진의 면역력이 생명이니까 꾸준히 운동도 하고 비타민과 영양제도 챙겨먹으면서 컨디션 관리를 잘해야겠다. 그리고 항상 생각하자! 의료진의 안전이 보장되어야 환자도 구할 수 있다고! 항상 환자를 보면 내 안전은 생각하지 않고 뛰어드는 경향이 있었는데, 이런 감염병 의심 상황에서는 의료진 한명 한명이 소중하고 또 내가 새로운 전파자가 되어서 같은 의료진에게도 옮길 수 있으니까 항상 주의하고 내 안전을 먼저 생각하자고! 멀리사는 생도시절 친했던 동기도 이번 부산파견에 온다고 해서 부산가서 얼른 친구도 만나고 사전 미팅도 참석해야겠다. 무사히 돌아올 수 있기를 바라며. 서울에서.

4년 뒤 미래모습

- 예지현 -

　벌써 임관 후 3년이 흘렀다. 임관의 가장 좋은 점은 바로 퇴근 후 삶이 있다는 것이다. 퇴근하는 길에 닭발을 야식으로 포장해와서 유튜브 '신서유기'를 보며 야무지게 뜯어먹었다. 이런 여유를 가진 지는 얼마 되지 않았다. 임관하고 나서 소위로 일할 때 실제 실무와 학교에서 배운 이론은 다르다는 걸 느꼈고 모자란 부분에 대해서도 집에 와서 공부해야 했기 때문이다. 얼마 전까지만 해도 하루하루가 48시간처럼 느껴질 정도로 쉼이 없었지만 이제 조금은 나에게도 여유가 생겼다. 수술 주특기를 받고 처음 수술 준비를 한때가 아직도 생각난다. 손이 덜덜 떨리고 이 길이 내 길이 맞는가 수십 번 고민했을 때가 있었는데 말이다. 수술 주특기를 받고자 했던 건 생도 3학년 때 수술실 실습을 했을 때부터였다. 기본 간호학에서 이론으로 배웠던 것들을 실제로 볼 수 있어서 좋았고 수술실에 들어가서 선배님들이 무슨 일을 하는지 어떤 수술이고 어떻게 수술실이 돌아가는지 전반적으로 볼 수 있어서 가슴이 뛰었다. 그때 나도 그 길을 걸어가고 싶다고 생각했다.

물론 수술 주특기를 처음 받았을 때 수술 기구, 장비 등등 외울 것들투성이라 탈주하고 싶었던 적도 정말 많았다. 절대로 못 외울 것 같던 기구들과 장비들도 이제는 매일 봐서 그런지 자다가 콕 찔러서 물어봐도 줄줄 말할 수 있을 만큼 익숙해졌다. 지금의 나는 학생 때만큼 국영수를 잘 풀진 못하지만 또 그만큼 내가 속해있는 분야에 대해 많이 배우고 있다고 생각한다. 내일은 내일의 해가 뜨니까, 빨리 자자. 오늘도 수고했어, 지현아.

■ 에필로그

언젠가 책을 내고 싶다는 생각은 했었지만, 기회가 이렇게 빨리 올 줄은 몰랐다. 그럼에도 언제나 새로운 도전은 설레는 것이기에, 기쁜 마음으로 임할 수 있었다.
4년 동안의 추억을 돌아보고 사람들을 떠올리며 '나'라는 존재에 대해 더 이해할 수 있는 좋은 기회였다. 이런 기회를 만들어 주신 분들께 감사인사를 꼭 전하고 싶다. 더불, 한 번쯤 모두가 책을 써 보는 경험을 한다면 좋겠다는 생각을 한다.
순간의 행복이 계속 기억되기를······

- 김하린

내가 책을 쓰다니! 책이 나온 지금도 믿기지가 않는다. 도서관장님의 권유로 함께 하게 된 이번 프로젝트를 통해 나는 글쓰기에 대한 자신감을 얻었다. 처음엔 일기와 다를 바 없었던 내 글이 수정에 수정을 거듭해서 책으로 나오기까지의 여정을 돌아보니 쉽지 않았지만 그래도 즐거웠던 것 같다. 함께한 6명의 동기들과 도서관장님, 양은숙 이사님, 기성준 작가님께 감사의 말을 전한다.

- 손수정

생각보다 물 흐르듯, 수월하다면 수월하게 진행된 듯한 책쓰기 프로그램이었다.

읽으면 읽을수록 부족한 부분과 고쳐야 할 부분이 눈에 밟히지만, 이만큼 글을 남겼다는 것에 뿌듯함이 느껴지기도 한다. 혼자라면 엄두도 못냈을 책쓰기 프로젝트인데, 7명의 동기들이 각자의 개성을 담아 4년 간의 생도생활을 담아냈다. 훗날 추억할 수 있는 기록물을 발간해낸다는 것에 자부심, 두려움, 그리고 설레는 마음도 있다.

내가 책을 쓸 수 있다는 것에 때론 즐거웠고, 내가 책을 써도 될까 하는 생각에 때론 어렵고 고민도 됐지만 초등학교 때 써둔 일기장을 펼쳐보듯 아주 먼 미래의 내가 이 책을 통해 생도생활의 소소한 행복을 기억할 수 있을 거라 생각하면 감사하기도 하다. 추억의 한 페이지가 될 수 있는 이 소중함이 오래도록 간직될 수 있길 바라며, 특히 64기 한여울의 4년을 응원하며 글을 마친다.

- 오찬실

이 자리에 오기까지 참 많은 일들이 있었지만, 너희를 만나기 위해서였다고 생각하면 그 시간들마저 감사하게 느껴져. 우리가 아니었다면 단 한 글자도 완성할 수 없었을 내 문장들이 먼 훗날 우리의

■ 에필로그

청춘을 추억할 작은 기록이 된다면, 그것만으로 나는 너무 행복할 것 같아. 가끔 삶이 버거운 날에는, 우리가 손잡고 걸어온 길들을 떠올려줘. 흩날리는 눈발마저 낭만이 됐던 우리의 시간을 기억해주라. 오래 보자, 사랑해!

- 정선주

이룬 것이 없다고 느껴질 때 소재를 생각하며 내 생도생활을 되돌아보고 그 때의 감정을 떠올리니 "그래도 나 참 치열하게 살았구나" 하는 뿌듯함을 얻었다. 어쩌면 기억 속에 흐릿하게만 남을지도 모르는 내 소중한 추억들이 나만의 글, 나만의 분위기로 기록되어 세상과 감정을 공유할 수 있음이 부끄럽지만 의미있게 다가온다. 이렇게 작게나마 이 큰 세상에 흔적을 남기니, 나중에라도 누군가 나를 찾아주기를. 내 가족, 친구, 지인, 그리고 나 자신도 이 시절의 나를 다시 떠올리는 그 순간이 궁금해진다.

- 최지영

시작이 반이다. 생도생활의 시작이 나의 큰 한걸음이었던 것처럼, 책쓰기의 시작이 나의 인생에 큰 한걸음이 되기를 바란다. 책쓰기를 하며 나의 인생을 돌아보고, 후회하기도, 행복하기도, 보람차기도 했다.
책을 통해 20대의 한 순간을 기록하고 돌아볼 수 있음에 감사하다. 책을 쓰기까지 도움 주신 모든 분들에게 감사하며, 함께한 동기들에게 고맙다.

- 김지예

시작은 미약하지만 그 끝은 창대하리라는 말이 있다. 아직 그 끝이 창대할지는 아무도 모르지만 나에게 있어서는 이미 창대하다. 글을 쓰면서도 나뿐만 아니라 모든 생도들이 한 번 해볼 수 있었으면 좋았겠다는 생각이 자주 들었다. 다들 글에 자신이 없다고 하는데 평소 함께 말을 할 때 보면 누구나 다 재미있는 이야기꾼이 되기 때문이다.

- 예지현

응원의 글

▶ 김하린

늘 친구로서 필자에게 해주고 싶었던 말을, 다 알고 본 글에 다 담은 것 같아 기특하다. 스스로의 길을 나답게, 최선을 다해 가다보면 그 길이 바로 꽃길일 거라고, 힘든 나날이 이어지더라도 그 안에 행복한 일이 하나쯤은 있을 것임을 다시 한번 상기해주고 싶다. 우리라서 행복하다. 앞으로도 너와 내가 한땀 한땀 수놓은 악보로 우리의 인생을 감미롭게 풀어갈 수 있기를.

-64기 김채연

자신의 삶을 글로 남긴다는 것은 막막하고 두렵게 느껴진다. 더군다나 그 글이 출판되어 아무개에 읽어진다면 더욱이 쉽게 써 내려가지 못할 것이다. 그럼에도 솔직하게 자신의 이야기를 써 내가는 동기들이 정말 멋지고 같은 또래지만 존경한다고 말해주고 싶다. 이 책의 필자들은 시간이 한가해서 글을 쓴 것이 절대 아니며 자칫 개성과 꿈을 잃어갈 수 있는, 바쁘고 반복되는 일과 속에서도 용기 내어 자신의 이야기를 써 내려갔다는 사실을 독자들이 기억해 주었으면 좋겠다.

-64기 권영화

▶ 손수정

우연으로 시작된 것이 나중에 돌아보면 인연 필연으로 여겨지기도 한다. 갑작스럽게 다가오는 크고 작은 일, 사람들로 인해 삶이 조금씩 변화한다. 그러나 지나고 보면 '다 일어날 일이 벌어진거구나'를 느끼게 된다. 누구든 생애는 매끄럽게 이어지며 짧은 손수정의 일대기에서도 모든 일이 자연스러운 인연임이 느껴진다. 결국 인간은, 손수정은 제자리를 찾아가게 된다.

- 이하늘(친구)

예비생도 손수정에서 간호장교 손수정이 되기까지의 삶. 그리고 "사랑의 가치를 마음에 새기고 행동으로 실천하는 간호장교"가 되기 위한 생도 손수정의 여정. 생도생활을 보냈던 독자라면 그시절을 함께 추억할 수 있을 것이고, 그렇지 않은 독자라면 잠시나마 생도로서의 삶을 엿볼 수 있을 것이다.

- 64기 이설아

솔직담백하고 누구보다 성실하게 생도생활을 하던 작가의 모습이 담겨 있는 것 같아 보면서 웃음이 나기도 하고, 주변에 사랑과 관심을 베풀어 줄 수 있던 작가의 따뜻한 마음에 감동을 받았다. 누군가에게 도전할 수 있는 용기를 주는 사람, 초심을 잃지 않는 사랑을 실천하는 사람으로서 늘 감동을 주는 나의 동기 손수정, 친구 손수정을 넘어 작가 손수정을 응원한다.

- 64기 이예은

▶ 오찬실

용감하면서도 섬세한 찬실이만의 감수성이 너무 사랑스럽다! 4년간 동고동락한 동기로서 이 글을 읽고나니 내 마음의 한구석을 글로 표현해준 것 같았다. 수많은 고민 끝에도 늘 도전하며 당찬 모습을 보여주는 그녀의 앞날을 항상 응원한다.
― 64기 김가빈

우리는 늘 뒷일을 알 수 없는 모퉁이들을 마주한다. 우린 그 모퉁이에서 수많은 물음과 수수께끼를 마주한다. 짧다면 짧고, 길다면 긴 4년간의 시간동안 바라본 오찬실이라는 사람은 마주한 물음을 느낌표라는 도전으로 바꾸어 나가는 사람이었다. 새로운 도전들에 지칠 때도 있고 그런 슬럼프가 끝이 없는 어둠처럼 느껴지기도 한다. 그런 순간순간의 어둠조차 소중히하며 단단해져서는 다가오는 빛을 더 찬란하게 만드는 찬실이의 진심을 담았다. 항상 나에게 복이고 다정함이었던 찬실이의 새로운 느낌표를 응원하며.
― 64기 강다윤

▶ 정선주

언젠가 다른 사람에게 언니를 소개해줘야 하는 날이 온다면, '온 누리에 선한 영향력을 가득 비추는 사람'이라는 언니 이름의 의미를 말해주고 싶어. 가끔은 미련할 정도로 자신보다 남을 먼저 생각하는 언니이기에, 언니의 이야기를 담은 이 책을 쓰는 순간만큼은 오롯이 언니만을 생각하며, 온전히 언니를 위한 시간이었기를 바랄게.
- 64기 유승아

특별할 일 없이 흘러가는 일상 속에서 선주는 소소하지만 확실한 행복을 누구보다 잘 찾아내는 사람입니다. 바쁜 일과 속 작은 시간을 쪼개 자기 계발을 하고 공동체를 위해 구슬땀을 흘리는 멋진 동기. 그리고 그러한 자신의 치열하지만 친절한 삶을 유려하고 아름다운 단어로 녹여낼 줄 아는 선주의 이야기는 비단 사관생도가 아니더라도 동시대를 살아가는 청춘, 혹은 그 청춘을 지나 현재를 살아가는 어른들에게 울림을 주리라 믿습니다.
- 64기 구가영

유난히 반짝거리는 눈망울을 가진 너가 어떤 사람이 될지 정말 궁금했는데, 같은 의료진으로 성장할 줄 누가 알았겠어. 누구보다 단단하고 어딜 가나 사랑받는 너가 참 자랑스럽다. 임상에서도 그 사랑을 베풀길 바라면서, 앞으로도 너의 건강한 몸과 마음을 위해 언제나 응원할게. 쪽.
- 김수지(친구)

▶ 최지영

단단하지만 포근한 바다같은 사람이 되길 바라. 작은 돌에도 크게 일렁이던 연못 같을 때도 있었지만 지금은 호수와 되고 점점 강이 되어 졸업을 준비하고 있는 것 같아. 어리고 불안정했던 우리가 함께 극복하고 적응해 나간 성장기를 읽은 것 같아. 분명 힘들었던 일들이 더 많았던 것 같은데 좋은 추억들이 훨씬 더 기억에 남아있네. 앞으로도 행복한 '너'가 되기를 응원할게.
- 64기 강세현

미지의 세상 앞에서 처음 느낀 막막함과 두려움에 멈춰있지 않고, 기꺼이 자신과 옆에 있는 모두를 위해 최선을 다하고, 새로운 가능성을 찾아 몇 번이고 다시 도전하며 주변을 돌보던 최지영 생도의 시간들을 기억해요. 스스로에게, 그리고 주변에게 성실과 선의의 가치를 알려주며 함께 성장할 기회를 주는 너른 날개 같은 사람이예요. 이제 스스로 일군 꽃길을 당당하고 행복하게 걷길 바라요.
- 이현라(국군간호사관학교 인성담당관)

▶ 김지예

김지예 생도가 책에서 자신의 삶이 평범하다고 주장하지만 사실 자신의 주관이 뚜렷해 보이는 색이 짙은 글이었다. 우리 모두 각자의 매력이 있듯이 우리의 삶도 각자의 색들이 물들여져 있을 것이다. 아무개가 아닌 나만의 삶을 영위해 나가는 법에 엿볼 수 있는 책이었다. - 64기 강서연

이쁜 딸 지예 엄마입니다. 2001년 12월 19일생 탄생화는 은방울 수선이라고 합니다. 꽃말은 아름다움입니다. 지예가 4년간의 고통의 무게를 이겨내고 한편의 글을 써내니 자랑스럽고 대견합니다. 탄생화 꽃말처럼 자신이 가진 역량을 나라를 지키는 군인들에게, 또 나라에 위기가 닥칠 때마다 앞장서서 해결하는 멋진 히어로가 되기를 응원합니다.

- 조주원(김지예 작가 엄마)

책 제목이 뭘까를 먼저 고민해본다. 여러번 생각해도, 아무리 생각해도 책 제목은 이것이 딱인 듯 하다. "김지예, 아니 내 딸의 성장기" 글 중에 가장 와닿고 우리 지예를 기대하게 하는 문구가 있어 다시한번 말해본다. "나는 인생을 한번 살더라도 멋있게 살고 싶다. 피하지 않고 맞서고 싶다." 그래 이거야, 이거지, 난 정말이지 지예 아빠라서 행복하다. 적당한 아이에서 어느덧 사회의 아니 국가의 한 축이 됨을 축하하며 울 딸의 건승을 빌어본다. 그간 고생 많았다. 세종에서 아빠가.

- 김동현(김지예 작가 아빠)

▶ 예지현

목표를 향해 노력하고 끝없이 성장하는 친구를 보며 항상 빛난다고 생각했다. 중학생 예지현에서 국군간호사관학교 4학년 생도 예지현이 되기까지의 과정이 담긴 책의 문장은 그녀가 가진 찬란한 빛이 그대로 묻어있다. 그 빛 속에는 내 친구가 흘린 땀방울, 때때로 마주친 시련, 그럼에도 다시 나아가는 강인함. 이 모든 것이 있기에 이 책은 눈이 부시게 빛난다.

- 백예나(친구)

예지현 생도와는 첫 분대, 룸메이트부터 시작해서 지금까지 인연을 이어온 소중한 동기이다. 겁이 많던 우리는 서로가 서로에게 힘이 되어주며 함께 성장해왔다. 그녀는 두려움에 외면하고 싶은 순간에도 솔직하고 명예로운 모습을 보여줬고 성실함과 더불어 재치까지 갖춰 친구로서 배울 점이 많다. 이 책을 통해 그런 예지현 생도의 모습을 엿볼 수 있으리라 생각한다.

- 64기 홍승주

부록 #1

「Book-do 칠성」 일지

만남 #1 2023. 4. 25. (화)

부산에서 대전까지 미라클팩토리 대표 기성준 작가님이 특강을 오셨다. 먼 거리를 오롯이 64기(한여울) 4학년 생도들 글쓰기 코칭을 위해 달려오신 정성에 감사하다.

『독서법부터 바꿔라』를 통해 자신에게 맞는 책 읽기를 안내하고, 『글쓰기부터 바꿔라』에서 치열하고 고통스러운 글쓰기가 아닌, 설레고 행복한 글쓰기를 도와주는 전문가를 직접 만났으니 우리 생도들은 행운이다.

출판시장에 대한 이해와 책을 쓸 주제를 정하는 법, 소재를 표현하는 법, 좋은 문장을 쓰는 법 등 유익한 내용이 가득한 특강이었다.

"누구나 글을 쓸 수 있고, 언제든 글을 쓸 수 있습니다. 모든 사람들이 글쓰기를 통해 새로운 꿈을 가질 수 있으며, 글쓰기를 통해 삶의 치유와 행복의 길로 갈 수 있습니다."라는 말이 마음에 쿵 와 닿는다. 작가님 자신이 살아 온 삶의 여정에서 어려움을 맞닥뜨렸을 때 책과 글쓰기로 회복했던 과정, 관계와 일상의 감사를 담은 이야기에서 진정성이 느껴졌다.

'진심을 짓는 일은 이렇게 와 닿는구나!' 하는 깨달음이 새롭다.

다른 사람들에게 어떻게 평가를 받을 것인가에 대한 걱정와 두려움을 떨치고, 우리 생도들이 책쓰는 과정을 행복하게 즐겼으면 좋겠다.

만남 #2 2023. 5. 23. (화)

4월 특강이 끝난 후, 학술정보관장님이 책쓰기 동아리 모집을 아주 열심히 하셨다.

> 4학년 한여울 생도들께서 그 겨울,
> 기초군사훈련부터 시작된 '함께'였던 소중한 기억과
> 빛나는 4년의 생도생활을 추억자산으로
> 만들어보면 어떨까요?
> 우리 생도들의 생생하고 진솔한 모습을
> 글로 기록하고 책으로 엮어
> 한나예의 '찐' 모습을 궁금해하는
> 많은 분들께 이야기로 들려드려 볼까요?
> 행복한 책쓰기 프로젝트에 참가를 희망하는 생도님,
> 신청받습니다.
> 공저자 6~8명, 책 출간 과정의 경험 기회!

마감 임박 홈쇼핑은 아니지만, 채널 고정~ 모드가 작동된 듯하다. ㅋㅋ.

좋은 생도들이 많이 지원했다고 자랑이 한 보따리다.

'좋은 생도'에 대해 잠깐 생각해본다. 나이팅게일 동산 꼭대기에 있는 도서관까지 이 계단을 자주 오르는 생도는 좋은 생도들이겠구나......

책읽기를 좋아하고 틈틈이 글쓰기를 즐기는 7명의 생도들이 모였다. 바쁜 4학년의 학사일정, 생도들의 시간에 맞추어 기성준 작가님이 부산에서 올라오셨다. 일과 후에 진행하는 책쓰기 코칭이라, 저녁식사 시간을 아껴 샌드위치, 김밥, 컵과일을 먹으며 수업했다. 당직이라 정복을 입고 있어서 훈육장교인 줄 알았던 정선주 생도의 아이디어가 채택되어 동아리 이름도 정했다.「Book-do 칠성」, 와우! 멋진 이름이다.

한 권의 완성된 책 분량을 A4용지로 100장 내외로 보면, 7명이 12장~14장 정도 쓰면 된다. 마치 레고를 조립하듯 책 한 권을 함께 만드는 과정이다.

생도가 되기 전의 삶의 모습들, 국군간호사관학교에 도전하는 과정, 생도가 되어서 첫 만남과 첫 느낌, 힘들었던 점, 앞으로의 꿈...... 글을 쓰고 책으로 묶을 대략의 주제를 기성준 작가님이 안내해주셨다.

첫 수업내용은 '작가 소개'다. 생도들은 '작가'라는 단어에 쑥스러운 표정이다.

나를 어떻게 소개를 할 것인지 1~2줄씩 써보기를 제안하니 고개를 갸우뚱한다.

"저희는 고등학교를 졸업하고 국군간호사관학교에 입학해서 공부하고 있는 생도라 소개할 내용이 거의 다 비슷비슷한데요."

'나 = 국군간호사관학교 4학년 생도'로 단체생활을 하면서 '우리'로 통일된 표현과 생각이 중요한 시간이 쌓였으니 그럴만하다.

"왜 생도가 됐어요?" 하는 질문을 기작가님이 찬찬하고 부드러운 톤으로 던진다.

운동하는 걸 좋아하고, 성장하고 배우고 싶어서 지원했다는 생도, 고등학교 때부터 동아리를 했는데 다른 사람에게 도움을 주는 직업을 꿈꾸다가 특별한 사람이 되고 싶어 간호사관학교에 지원하게 되었다는 생도도 있다. 어쩌다 합격했다는 솔직한 대답도.

김밥을 오물오물 먹으며, 방울토마토를 오독 깨물며 차츰 다양한 대답이 나온다.

"생도가 되기 위해 어떤 도전을 했고, 나는 어떤 강점과 어떤 느낌을 갖고 있는지, 있는 그대로 3~5줄씩 적어보면 돼요."

책쓰기 코칭 전문가의 질문에 따라 차츰 다양한 자기 생각을 꺼내어 글로 써본다.

생도들이 써낸 저자소개만 봐도 각자의 특색과 글의 향이 다르다. 생도가 되기 위한 과정에서도 각자 개별적인 방향성과 동기부여가 다르고, 지금 이 자리에 오게 만든 어떤 특별한 경험도 다르기 때문이다.

"특별한 경험이 무엇일까요?" 두 번째 질문.

내 삶이 다른 사람과 다른 차별점을 써보는 시간이 사각사각 흐른다. 토닥토닥 고요한 생각이 저마다의 빛깔로 꽃핀다.

만남 #3 2023. 6. 1. (목)

Webex 화면으로 만났다. 7명의 생도들이 시간을 맞추기도 어렵고, 부산에서 기성준 작가님이 오는 거리도 멀어서 이번에는 비대면으로 책쓰기 코칭 수업이 진행되었다.

"처음 책을 쓸 때가 가장 기대되고 설레는 시간입니다. 서점과 도서관에 내가 쓴 작품이 나오는 기대감과 한편으로는 엉망으로 쓰면 1년 뒤 5년 뒤에 부끄럽지 않을까 하는 그런 걱정도 있고 여러 가지 마음이 있을 겁니다.

부끄러운 마음은 내려두시고, 벅찬 기분을 생각하면서 글을 써 내려가면 됩니다. 또 한 가지 덧붙일 것은 악플도 인기가 많아야 달리는 것 같아요. 글을 썼는데 악플이 달렸다면 정말 인기가 많았다고 생각하시면 됩니다. 재미난 점은, 손가락질 하는 사람들은 내 책을 안 읽어요. 나의 글을 꼭 읽어주는 사람은 정말 감사하게도 늘 엄청난 피드백, 감동을 받았다는 긍정에너지를 줍니다."

행복한 글쓰기를 안내하는 기성준 작가님의 도담도담한 목소리 톤이 따뜻하다.

어린 시절부터 현재까지의 인생기상도(人生氣象圖)를 그려보고 이야기 나눴다. 날씨를 짐작해보는 기상도가 있듯, 사람의 마음에도 기상도가 있다. 10대 때 나의 마음 날씨는 어땠는지? 일어났던 일 중 가장 기억에 남는 일은 무엇인지? 각자가 살아온 삶의 여러 면을 살펴본다. 서사와 묘사와 은유를 익히는 시간, 생도들이 골똘하게 집중한다.

기초군사훈련 팽팽했던 찬바람은 어떤 날씨로 기록되었을까? 낯선 철제 침대와 텅 빈 책꽂이와 서걱하던 군복의 감촉...... 첫겨울의 그 추운 기억 속에 또 어떤 보드라운 봄 바람결 같은 추억을 간직하고 있을까?

온라인 선물로 글쓰기 숙제가 주어졌다.
"나는 지금 어떤 일을 하는가? 지금까지 이 자리에 오게 만든 특별한 경험은?"
이 두 가지 질문에 5줄 이상 글쓰기. 그리고 10년 뒤 미래일기 써 오기다. 가장 멋지고 기대되는 모습의 하루를 생생하게 A4 1장 분량으로 쓰는 과제다. 생도들에게는 서른셋, 혹은 서른넷의 미래가 내게는 20년 전 과거의 일기다. 학술정보관장님과 눈이 마주쳤는데 "미~래?"하며 스윽 웃음을 짓는다.

만남 #4 2023. 6. 12. (월)

　오늘도 즐거운 글쓰기, 행복한 책쓰기 코칭이다. 대면수업으로 진행되었다. 비대면수업은 시간을 맞추기 쉽고 공간이동이 없어 편리하지만, 한 공간에서 함께 하는 대면의 에너지와 비교할 바가 아니다.

　주제어를 정하고 키워드 던지기 훈련과 글감을 찾고 문장 만드는 연습을 했다. 역시나 글쓰기 코칭은 기성준작가님의 질문으로 시작됐다.
　"간호사관학교와의 첫 만남이라는 주제를 제가 던지면, 여러분은 골격(키워드)을 어떤 것으로 정하고 싶으세요? 동기들과의 만남, 전체 간호사관학교일 수도 있고, 훈련과 생활의 만남일 수도 있고, 사회의 경계를 만날 수도 있고, 다양하겠지요. 각자 3개 이상의 키워드를 우리 같이 이야기 나눠볼까요?"
　"첫 만남은 무조건 ……기쁨…… 아닌가요?"
　"전투화를 처음 받아서 끈을 묶은 것, 동기들, 인헌관의 방! 충격이었지."
　기초군사훈련의 기억을 가장 먼저 떠올린 듯 생도들이 와르르 같이 웃는다.
　"큰 학교, 기숙사, 두꺼운 간호학 전문서적."
　"설렘, 동기를 넘어 친구, 진지한 이야기를 들어 주는 휴육진."

"군부대가 이렇구나, 간호장교? 처음으로 전투복을 입은 것."
"꿈을 성취한다는 것, 소속감, 시작의 다짐"
"모교 홍보를 온 선배, 7지망이었던 학교였지만 동기들과 만남의 기쁨. 낯선 곳."

'간호사관학교에 오기 전의 나의 모습'이라는 주제로도 키워드 던지기를 했다. 지금 떠오르는 그때의 나의 일상과 지원한 계기, 준비과정들의 모습들, 주변의 반응과 시험과정에서 힘든 것은 무엇이었고 자신만의 노력은 어떤 것이 있었는지를 글로 적는다. A4 용지 2장 분량으로 각자 자신의 이야기를 쓰기로 했다.

늦은 저녁 시간에 학술정보관에 훤히 불을 밝히고 Book-do 칠성 생도들이 모여 또닥또닥 글 쓰는 풍경이 뭉클하다. 엄마가 야근이라 어린이집에 늦게까지 있다가 따라온 지수가 도서관 한쪽에서 잠이 들었다. 7살 아들은 집에, 5살 딸은 일터에. 학술정보관장님 댁의 평안한 저녁 휴식이 보류되었다. 대면수업의 글에는 아가의 잠도 쌕쌕 녹아들겠구나 싶어 마음이 몽글하고 애잔하다.

만남 #5 2023. 6. 22. (월)

다섯 번째 만남이다. 책에 담을 스토리의 큰 틀 주제가 찾아졌다. 건축으로 비교하면 건물 설계도라고 볼 수 있고, 그림이라면 스케치라고 할 수 있겠다. 글을 쓸 때 참고로 하는 주제는 여섯 가지 정도다.

국군간호사관학교에 오기 전의 내 모습, 학교에서의 첫 만남, 내 인생의 슬럼프와 극복기, 특별한 나의 간호사관학교 생활, 자유주제와 간호장교로서의 미래의 모습.

저자소개에 이어서 이 여섯 가지 주제에 따라서 각자 쓸 글을 구조화하여 소제목도 작성한다.

"처음부터 잘 쓰는 사람은 없습니다. 글쓰기도 훈련입니다. 엉망진창인 글을 많이 써 보셔야 합니다. 야구선수들이 타격볼을 연습하듯이 좋은 글을 쓰기 위해서는 손을 움직이고 멈추지 말고 Free Writing을 많이 하면 좋습니다. 편집할 필요 없고, 문법을 무시해도 되고요. 오타가 나와도 됩니다. 생각을 통제하지 말고, 이렇게 써도 되는 건가? 하는 생각이 들 정도도 좋습니다. 전혀 우리끼리의 글을 비교할 필요가 없고요. 글쓰기는 삶을 쓰는 건데, 나의 삶을 남들과 비교할 필요가 없지요."

같은 주제이지만 다른 색깔. Book-do 칠성 7명의 알록달록한 이야기가 모여 하나의 작품이 되어가고 있다.

만남#6 2023. 6. 27. (화)

    어제부터 4학년 생도들은 군사학기가 시작되었다. 야전간호 종합훈련을 포함하여 뜨거운 군사훈련을 마쳐야 7월 중순에 방학을 맞이한다. 빠듯한 책쓰기 일정이다.
    주제별로 쓴 본문 글은 온라인으로 일대일 개별 코칭을 진행하기로 했다.
    서문은 책을 집필하게 된 동기나 배경, 어떤 면이 유용하며 어떤 노력이 있었는지를 학술정보관장님과 교수부장님이 작성하기로 했다. 책 표지와 제목과 어떤 방식으로 차례를 정할지는 앞으로 기성준 작가님과 출판사와 더 협의해가기로 한다.
    생도들이 각자 글을 쓰고 피드백 받은 원고를 여름휴가를 마칠 즈음 8월에 초안을 모아 함께 읽고 수정할 날짜를 살펴 1박 2일 워크숍을 하기로 했다.

    돌아보면 생도생활은 진짜로 바빴었다. 특히 4학년 학사일정은 초인적인 에너지를 요구한다. 꽉찬 일과 시간표와 규율로 인해 흔히들 사관학교에는 낭만이 없다고 말을 하곤 한다. 어스름 저녁 무렵 대학가의 치맥과 캠퍼스의 자유를 낭만으로 떠올리면 맞는 말이다.
    '낭만고양이', '낭만 까페', '낭만 여행' ...... 사방에 숱하게 넘치는 이 낭만이 어찌하여 군대라는 이유로 사관학교에는 낭만이 없다는 것일까?

 찬란하고 치열하게 뜨겁고 촘촘한 시간을 사는 생도들이 어떻게 청춘의 낭만이 없을 수 있을까? 사관학교의 낭만은 여타의 낭만과 조금 다른 절제된 낭만이 있다.

 30년이 훌쩍 지난 요즘도 중년이 된 동기들을 만나면 군복을 처음 입고 친구들과 오와 열을 맞추던 사관생도 시절의 풋풋한 추억을 이야기한다. 여름 유격훈련 PT체조로 흙투성이가 되었던 82명의 올빼미들은 낭랑한 목소리로 군가를 신나게 합창했었다. 처음 정맥주사를 놓으며 긴장되었던 간호실습생도 때에 환자분이 오히려 "괜찮다"며 응원해주셨던 기억도 새록새록하다.
 추억의 또 다른 이름은 '두고 온 낭만'이 아닐까?
 그 시절의 우리가 누린 낭만의 색채보다 더욱 진하고 다양한 64기 후배님들의 낭만채집 과정이 글쓰기다. 일상을 붙잡아 성장의 기록을 만드는 이 시간 또한 특별하게 반짝반짝 빛나는 추억이 될 것이다. Book-do 칠성 1박 2일 워크숍에 어떻게 찐~한 낭만을 녹여볼까 하며 학술정보관장님과 함께 머리를 맞댄다.

만남 #7 2023. 7. 10. (월)

여름방학을 보내고 있을 생도들을 떠올려본다. 촘촘한 4학년 1학기 학사일정과 군사학기도 마쳤으니 신나서 여행들을 떠났다. 2학기에 실습마무리를 하면 바로 국가고시 준비이니 실제적으로 학생으로서 마지막 방학이다.

학술정보관장님과 나는 이심전심 같은 고민이다.

"휴가동안 생도들이 주제별로 집중해서 글쓰기 열심히 하겠지요?"

Book-do 칠성 톡방에 슬그머니 잔소리 한 자락을 올려본다.

"때로 밤하늘이 흐리고 빛이 가물가물해도 북두칠성은 그 자리에 있답니다. ^^

별을 보려면 눈앞의 빛은 잠시 꺼두는 것도 한 방법이라지요. 글쓰기 책쓰기는 일정 시간 몰입을 위한 차단이 필요한 법입니다. 여행 중간 짬짬이 글쓰기도 잊지 마셔요."

만남 #8 2023. 8. 16. (수)

생도들이 쓴 글의 초안 원고가 나왔다.

Book-do 칠성 워크숍 1일차, 부산에서 기성준 작가님이 비행기를 타고 왔다. 학술정보관장님은 기차를 타고 노란 캐리어에 초고 출력

물을 담아 왔다.

　잠원동 DID드림코칭센터에 모여 송수용 대표님의 특강을 듣고, 책 제목도 함께 아이디어를 모아보기로 했다.

　"환영합니다! 글쓰는 간호사관 생도님들~^^"

　건물 입구에 찾기 쉽게 환영 안내문을 붙여주셨다. 섬세한 정성으로 감동을 주신다.

　휴가 중에 귀한 시간을 낸 생도들이 속속 센터로 모여, 따뜻한 보이차를 마시며 여행과 책 이야기로 수다를 푼다.

　"이대로 책으로 내어도 될지 걱정입니다."

　"저희가 쓴 글이 책으로 나오면 누군가 읽고, 네가 그 사람이냐? 하고 물어보면 어떻게 할까 하는 부담감이 생깁니다."

　'함께 읽기'를 하며 원고에 대한 피드백을 받는 동안 생도들이 걱정을 풀어 놓는데, 기성준 작가님이 농담으로 분위기를 풀어준다.

　"생도님들 자기가 쓴 글, 자기 원고를 오랜만에 다시 읽어 보는 것이지요?"

　ㅋㅋㅋ 여름방학 동안 유럽으로, 국내로 여행을 다니느라 흩어졌던 생도들 시선이 초안 원고에 동그랗게 모여든다.

　생도시절에 이렇게 함께 글을 쓰고 책을 만드는 과정을 경험하는 것이 그 자체로 큰 배움이고 성장자산이다. 1학년 때 독서코칭부터 시작해서 다양한 경험을 하게 기획하고 애써주신 학술정보관장님은 생도들을 바라보는 눈에 콩깍지가 씌어져 있다

"우리 생도들이 센스가 있어서 좋은 경험과 좋은 것들을 보고 들으면 더 멋지게 응용해내는 능력이 있습니다. 앞으로 졸업하고 임상에서 만나는 많은 사람들에게 기꺼이 즐거운 나눔을 하겠지요. 귀하고 좋은 경험을 더 많이 제공해주고 싶어요."

만남 #9 2023. 8. 17. (목)

Book-do 칠성 워크숍 2일차다. 숙소 엘리베이터 앞에서 8시 30분에 만나기로 약속했는데, 8시 28분에 나가니 생도들이 가방을 들고 모두 모여 있다. 자연스럽다.

혜화동 대학로에서 샌드위치와 커피로 아침을 먹고 삼청동으로 이동했다. 다음 일정까지 시간여유가 있어 공원 산책을 했다. 숲속 작은 도서관을 둘러싼 벚나무 그늘에는 바람이 벌써 가을을 한 조각 묻혀온다.

10시 25분 국군서울지구병원에 도착했다. 간호과장님이 정문으로 마중을 나왔다. 회의실에서 인사장교님이 간단히 병원소개를 생도들에게 하고, 간호부장님이 인솔해서 생도들에게 병원 안내를 해줬다. 병원현장에서 선배와 만나니 생도들이 질문이 많다. 앞으로 졸업하고 임관을 하면 어떤 모습으로 근무할지 저마다의 꿈을 그려본다. 선배들이 준비해준 산뜻하고 맛있는 도시락을 먹으며 이야기가 끝날 줄 모른다.

오늘, 국군서울지구병원에서 선배 간호장교들이 보여준 정성어린 환대를 경험하는 시간 또한 즐거운 책쓰기의 여정이다. 행복한 추억과 낭만으로 한 조각 간직되면 좋겠다고 소망하며 현관 앞에서 기념 촬영을 했다.

종로 11번 마을버스를 타고 광화문으로 향했다. 세종문화회관 앞에 내려서 세종대왕동상 쪽으로 갔다. 광장에 사람들이 뜸한 틈을 타 "Book-do 칠성" 플랜카드를 들고 생도들과 사진을 얼른 한 장 찍었다. '엄마 빨리 좀 찍어'라고 하던 딸아이와 비슷한 표정을 짓더니만, 교보문고 '사람은 책을 만들고 책은 사람을 만든다.' 앞에서 사진을 좀 찍고 오겠노라며 생도들이 발걸음을 멈춘다. 스테디셀러 서가 앞에서 7명의 단체사진도 살짝 한 컷, 베스트셀러 코너에서는 생도들마다 독사진을 신나는 포즈로 한 장씩 남겼다.

워크숍 일정의 마지막을 광화문 교보 탐방으로 잡은 것은 참 잘한 것 같다.

생도들이 쓴 글에는 간호사관학교에서의 특별한 경험과 간호장교로서의 미래 모습에 대한 꿈과 소망까지 '나'에 관한 성찰이 베여 있어 아름다웠다. 스스로의 모습을 이렇게 골똘하게 생각하고 글로 쓰는 과정이 그 자체로 충분히 성장의 시간이었으리라.

책을 좋아하는 사람은 안다. 독서란 작가의 삶을 만나고 독자로서 그와 이야기를 함께 나누는 과정임을......

예비작가 Book-do 칠성 생도들의 책을 보는 눈이 달라졌다. 표지와 책 구성 목차, 작가소개와 머리말 맺음말과 인쇄날짜도 꼼꼼히 살펴보는 표정이 진지하다.

학술정보관장이 뿌듯한 표정으로 말한다.

"개교 70주년 때 동문출신 작가들의 책을 전시했었는데, 100주년 엔 Book-do 칠성 생도들의 책을 만날 수 있겠지요? 생도들과 일을 해보면 다들 참 잘 합니다. 이번 책쓰기 경험을 통해 임상에서도 계속 글을 쓰고 책을 내면 좋겠어요."

용산에서 집으로 오는 저녁 기차에 앉으니 졸음이 밀려온다. 홀가분하고 노곤하다. 이제 학술정보관장님의 노란색 캐리어도 한결 가벼워졌겠지……

만남#10 2023. 8. 24. (목)

대전에 사는 한명욱 작가(40기 동문)와 함께 간호사관학교 학술정보관에서 Book-do 칠성 미팅을 했다. 생도들이 먹을 달달한 간식과 커피를 챙겨온 한명욱 작가는 임관 후에 전·후방 근무 경험과 네 명의 자녀를 양육한 이야기, 현재 보건교사를 하면서 3권의 책을 쓰기까지의 과정을 당찬 에너지로 들려줬다. 반짝반짝한 눈빛으로 생도들이 질문을 많이 했다.

생도들의 1차 수정본 원고를 기성준 작가님께 메일로 보냈고, 피드백을 기다리는 시간 동안 한명욱 작가와 함께 책의 목차와 제목, 표지에 대한 아이디어 회의를 했다.

주제에 따른 키워드를 던지며 아이디어를 얻고 골격을 세워 글을 쓰는 훈련을 하던 처음처럼 '던지기'를 했다. 앞쪽에 누구의 글을 먼저 싣고 뒤쪽은 어떤 생도의 글이 마무리로 자리매김하면 좋을지 의견을 모았다. 오찬실 생도가 보드마커를 들고 칠판에 썼다가 지웠다가를 반복하며 정리했다. 우선 각자 쓴 글의 소제목을 모두 적어놓고, 내용의 진지성과 재미와 개성을 고려하여서 배치순서를 매겼다. 목차 작업이다.

1. 순탄하지는 않아도 여전히 항해중 - 김하린
2. 이번 생은 처음이라, 어찌해도 괜찮은 내 인생 - 오찬실
3. 덜컥 합격했는데, 진심이 되어버리다 - 손수정
4. 사람을 사랑하는 삶을 향해 - 정선주
5. 우당탕탕, 국간사 생도님(생존기?) - 김지예
6. 직선으로 느리게 걷는 삶 - 예지현
7. 나 자신을 바꿔 생도임이 자랑스러워지기까지 - 최지영

9월까지 2차, 3차 수정을 계속하면서 출판사와 협의 과정에서 바뀔 수도 있는 목차이지만, 오늘 우리는 큰일을 해냈다.

책 제목 던지기는 의견이 나올 때마다 팩트 공격을 하며 한바탕씩

웃었다.

'으라차차, 날개를 펴고', '한여울 성장일기', '우리의 20대의 첫 시작', '하나 된 여기, 우리', '나는 예비간호장교다', 'Book-do 칠성, 한여울을 비추다'……

아쉽게 탈락한 제목들도 모두 다 사랑스럽다.

책 제목과 표지디자인은 더 고민해서 다음번에 만나기로 했다. 에필로그는 Book-do 칠성 생도들이 적은 소감문을 정리해서 작성 중이다. 생도들이 2명씩 150~200자 정도 응원의 글을 받아오면 책 뒤쪽에 싣고, 추천사는 3~4명 정도 부탁드려서 앞쪽에 넣기로 했다.

9월부터는 2학기 간호실습이라 이렇게 모이는 시간을 내기가 점점 힘들어진다.

다음 만남을 약속하며 총총히 헤어지는데 밤하늘이 벌써 가을이다.

4년의 생도생활 속에서 똑같은 경험을 하며 그 시간과 공간을 함께 살아도 다르게 기억에 남는 것들, 리얼한 이야기들이 어떻게 엮어질까?

깜깜한 어둠을 지날 때 문득 만나는 이정표가 되는 별- 북두칠성.

간호장교를 꿈꾸며 입시전쟁에 있는 누군가에게도 밝은 빛이 되고, 생도생활을 하면서 어려움이나 슬럼프를 만나는 어떤 후배에게도 이정표가 되어주는 이야기들이 작품으로 익어가고 있다. 무엇보다도, Book-Do 칠성 한여울 64기 생도들이 앞으로 살아가면서 때때로 예기치 못한 어둠을 만나게 될 때, 여전히 제 자리에서 반짝이는 그 별빛을 스스로 함께 만들고 있다. 글쓰기의 과정이 주는 아름답고 행복한 선물이다.

만남 #11 2023. 10. 27. (금)

   10월 마지막 주 백합축제 기간에는 생도들이 과외활동 부서별로 작품을 전시하고, 연극제와 방송제, 음악공연과 체육대회 함성이 가을의 절정을 향한다.

   금요일, 백합제 마지막 날에는 오픈하우스를 한다. 가족과 친구들을 초대하여 생도대생활 공간을 개방하고 생도들이 운영하는 먹거리 부스도 소박하게 즐겁다.

   10년 단위로 졸업생들 홈커밍 임관기념 행사도 주로 백합제 기간에 한다. 의식행사 중에 제대를 갖추고 분열하는 후배 생도들의 모습을, 초대 손님이 되어 바라보는 선배들의 가슴엔 먹먹하고 애틋한 감동이 울렁인다. 임관 40주년 행사에 오신 선배님이 군악대 전주가 울려 퍼지자 몸이 기억하는 리듬으로 두둥~ 생도들 걸음에 박자를 맞추신다. 64기 한여울 생도들이 듬직한 4학년의 모습으로 사열대 앞을 지나 힘차게 행진한다. 예복 자락을 바람에 날리며 가을 햇살에 Book-do 칠성이 반짝인다.

엄마군인, 양은숙(32기 동문)

부록 #2

국간사 발전기금 안내

■ **설립목적**

생도교육과 국군간호사관학교 발전에 필요한 사업 중 국고예산 확보가 어렵거나 불가한 사업을 적극 지원하기 위한 재원 조성

■ **설립취지**

본교는 1951년 군내 간호장교 양성과정으로 시작하여 어려운 환경에서도 우수 정예간호장교를 배출하여 왔습니다. 학교의 뿌리를 더욱 든든히 하고, 미래 사회에 부응하는 우수한 간호장교를 양성하기 위해 교육환경의 질적 발전을 위해 『국간사 발전기금』을 조성하기로 하였습니다. 『발전기금』이란 학교발전사업 및 생도교육에 필요한 사업 중 예산지원이 불충분하거나 예산획득 가능성이 희박한 사업을 재정적으로 지원하기 위한 기금을 말합니다. 물론, 본교는 국가 교육기관이므로 국고예산으로 운영되고 있으나, 국고지원에는 한계가 있으며, 각종 국방사업의 우선순위에서도 반영이 어려운 부분이 있기 마련입니다. 따라서 변화하는 교육환경에 적극적으로 대처하고, 양질의 교육을 위해서는 적기에 적절한 예산이 필요하기 때문에 발전기금 조성의 필요성을 깨닫게 되었습니다. 앞으로 국간사 발전기금은 우수생도 양성과 학교발전에 지속적으로 기여할 것입니다.

■ 발전기금 사무국

사무국장 : 042)878-4561, 군) 975-4561

기획실장 : 010-2363-9945(국간사 오래오래)

사무원 : 042) 878-4568, 군) 975-4568, fax : 042) 876-4504

주소 : 대전광역시 유성구 자운로 90 국간사 발전기금 사무국 (우)34060

■ 출연(기부) 신청

▶ 방법1. 출연신청서 작성 후 사무국으로 발송하기

- 국간사 발전기금 출연(기부) 신청서를 작성하여 우편이나 FAX 혹은 메일로 보내주시면 됩니다.

- 출연(기부) 신청서 양식 다운로드☞ (국군간호사관학교 홈페이지)

※ 메일주소 : kafna.fund@gmail.com

계좌번호(예금주 : 국간사발전기금)

- 국민은행 468-01-0042-164
- 농협중앙회 489-17-007491
- 신한은행 100-024-743184
- 우체국 311712-01-001125
- 우리은행 1005-001-417085
- 하나은행 659-910014-57704

※ 자동이체 희망시, 국민은행, 농협중앙회만 발전기금 사무국에서 자동이체 처리가 가능하며, 기타 은행의 경우 출연신청 후 개인별로 자동이체 지정이 필요합니다.

▶ 방법2. CMS 자동이체 신청하기

- 아래 QR 코드를 이용하여, CMS 자동이체를 신청하여 주시기 바랍니다.

- CMS 자동이체 신청하기

반짝반짝 빛나는
국간사 생도들의 청춘일기

초판 발행 2023년 12월 31일

지은이 김하린, 손수정, 오찬실, 정선주,
　　　　최지영, 김지예, 예지현
엮은이 기성준, 양은숙, 이영희
펴낸이 방성열
펴낸곳 다산글방

출판등록 제313-2003-00328호
주소 서울특별시 마포구 동교로 36
전화 02-338-3630
팩스 02-338-3690
이메일 dasanpublish@daum.net
　　　　iebookblog@naver.com
홈페이지 www.iebook.co.kr

ⓒ 김하린, 손수정, 오찬실, 정선주,
　　최지영, 김지예, 예지현, 2023, Printed in Korea

ISBN 979-11-6078-299-8 03810

* 이 책은 저작권법에 의해 보호받는 저작물이며, 저자와 출판사의 서면 허락 없이
　내용의 전부 또는 일부를 인용하거나 발췌하는 것을 금합니다.
* 제본, 인쇄가 잘못되거나 파손된 책은 구입하신 곳에서 교환해 드립니다.
* 책값은 뒤표지에 있습니다.